AF363441

DE L'EFFET

OU DE

L'EXÉCUTION DES JUGEMENTS

DANS LES PAYS ÉTRANGERS.

Extrait de la *Revue Étrungère et Française*
de Législation, de Jurisprudence et d'Économie politique, publiée à Paris
par MM. Fœlix, Duvergier et Valette, tome X, 1843,
éditée par Joubert, libraire de la Cour de cassation.

PARIS. — IMPRIMERIE DE FAIN ET THUNOT,
IMPRIMEURS DE L'UNIVERSITÉ ROYALE DE FRANCE,
Rue Racine, 28, près de l'Odéon

DE L'EFFET

OU DE

L'EXÉCUTION DES JUGEMENTS

DANS LES PAYS ÉTRANGERS.

PAR M. FŒLIX,

DOCTEUR EN DROIT,

AVOCAT A LA COUR ROYALE DE PARIS.

PARIS.

JOUBERT, LIBRAIRE DE LA COUR DE CASSATION,

RUE DES GRÈS, 14, PRÈS DE L'ÉCOLE DE DROIT.

1843.

AVERTISSEMENT.

La matière de l'exécution des jugements et arrêts
rendus par les tribunaux étrangers est une de celles
qui donnent lieu aujourd'hui aux applications les
plus fréquentes; ce qui s'explique par l'accroissement
continuel des rapports entre les membres des diverses nations. Il m'a paru que l'homme de pratique, aussi bien que l'homme d'étude, pourrait
tirer quelque profit d'un petit traité dans lequel se
trouveraient réunies et comparées les lois et la jurisprudence qui régissent la matière dans les principaux États de l'Europe, et particulièrement en
France, ainsi que dans les États-Unis de l'Amérique
septentrionale.

Cet opuscule est extrait d'un travail étendu sur
« le droit international privé, » ou sur « le conflit
» des lois des différentes nations en matière de droit
» privé, » que j'ai publié, en forme de série d'ar-

ticles, dans les tomes VII à X (1840 1843) de la *Revue étrangère et française de Législation, de Jurisprudence et d'Économie politique*. Cette circonstance explique le chiffre élevé des numéros d'ordre, ainsi que les renvois qui se rapportent à d'autres parties du travail général.

Paris, le 31 janvier 1843.

FŒLIX.

TABLE DES MATIÈRES.

DE L'EFFET

OU

DE L'EXÉCUTION DES JUGEMENTS

DANS LES PAYS ÉTRANGERS.

Ce traité sera divisé en deux paragraphes : nous examinerons d'abord l'effet ou l'exécution des jugements proprement dits, c'est-à-dire de ceux qui décident des contestations (juridiction contentieuse); le second paragraphe aura pour objet les effets des jugements improprement dits, ou de la juridiction volontaire.

§ 1. De l'effet ou de l'exécution des jugements proprement dits (juridiction contentieuse).

195. La distinction entre la juridiction contentieuse et la juridiction volontaire, déjà connue dans le droit romain [1], a passé dans les législations modernes [2].

---

[1] L. 2, ff. *de offic. procons.* Voet, *ad ff. tit. de jurisdict.*, n° 3. Boehmer, *Introductio in jus digestorum*, *tit. de jurisdictione*, § 18. Glück, Commentaire des Pandectes (*Pandecten Commentar*), t. III, § 193. Bayer, Cours de procédure civile du droit commun (*Vortraege über den gemeinen Civilprozess*), 5ᵉ édition, p. 45. Pothier, Pandectes, liv. 2, tit. 1, n° 8. Répertoire de Jurisprudence, v° Juridiction volontaire (4ᵉ édit., t. XVII, p. 73).

[2] Code de procédure civile de Prusse (*Allgemeine Gerichtsordnung*), partie II, tit. 1, Code de procédure civile de Bavière (*Codex*

1

En France, cette distinction n'a jamais été textuellement énoncée dans les lois, mais elle a toujours été admise par les jurisconsultes. Les auteurs du Répertoire
de Jurisprudence[1] s'expriment à ce sujet dans les termes
suivants : « On appelle ainsi, par opposition à la juri-
» diction gracieuse ou volontaire, celle qui s'exerce
» entre deux ou plusieurs parties dont les prétentions
» se combattent respectivement, et qui aboutit à un
» jugement en faveur de l'une et au désavantage de
» l'autre. » Henrion de Pansey[2] donne, d'après Heinec-
cius[3], les définitions suivantes : « Le juge exerce la ju-
» ridiction contentieuse toutes les fois qu'il prononce
» sur des intérêts opposés, après des débats contradic-
» toires entre deux parties dont l'une a cité l'autre à son
» tribunal. Tout ce qu'il fait sur la demande d'une seule
» personne, ou sur celle de plusieurs d'accord entre
» elles, et sans contradicteur, appartient à la juridiction
» volontaire. » — « La raison de la différence entre les
» deux espèces de juridiction, » dit Merlin dans la dernière édition du Répertoire[4], « c'est que le magistrat
» procède en vertu de la juridiction volontaire, toutes
» les fois qu'il prononce sur une demande qui, soit par
» sa nature, soit d'après l'état des choses, n'est pas sus-
» ceptible de contradiction. » Suivant l'auteur, le magistrat fait acte de juridiction volontaire, lorsqu'il prête

---

judiciarius), chap. I, § 17. Wagner, la Procédure judiciaire en matière non contentieuse, dans les provinces allemandes de la monar-
chie autrichienne (*Das adeliche Richteramt*, etc.), *passim*. Glück,
ibid.

1 *V°* Juridiction contentieuse.
2 Traité de l'autorité judiciaire en France, chap. 14.
3 *Ad* ff., lib. 2, tit. 1, *de jurisdictione*, n° 249.
4 *V°* Juridiction gracieuse, n° 1.

son ministère à l'adoption d'un enfant (art. 353 et suiv.
du Code civil), à l'émancipation (art. 477), à la nomination d'un tuteur (art. 405), à l'aliénation des biens
immeubles d'un mineur (art. 458), à l'ouverture d'un
testament olographe ou mystique (art. 1007), à l'envoi
en possession d'un légataire universel (art. 1008), etc.

Nous reviendrons, au paragraphe suivant, sur la matière de la juridiction volontaire ou gracieuse : dans le
présent paragraphe, nous ne nous occuperons que de la
juridiction contentieuse.

Il résulte de ce qui vient d'être dit, que le caractère
essentiel de la différence qui existe entre la juridiction
contentieuse et la juridiction volontaire, c'est que, dans
le premier cas, les actes de juridiction sont l'œuvre du
juge lui-même, tandis que, dans le second cas, le contenu intrinsèque des actes émane des parties qui se sont
adressées au juge, et que ce dernier ne fait qu'impri-
mer l'authenticité au consentement donné, aux décla-
rations faites par les parties. En effet, le jugement rendu
en matière contentieuse est un acte qui n'a d'existence
que par le fait du juge ; les parties lui exposent les
faits, ainsi que les moyens de droit qu'elles invoquent
réciproquement ; elles lui présentent les preuves à l'appui de leurs prétentions ; mais jusqu'alors rien n'existe
encore : l'acte qui servira de régulateur des relations
des parties ne naît que par le fait du juge ; il est tout
entier l'œuvre de ce dernier. Mais dans le cas d'adoption,
d'émancipation, de nomination du tuteur par la famille
du mineur, d'autorisation d'aliéner les immeubles du
mineur, d'ouverture du testament, d'envoi en possession
du légataire universel, et dans d'autres cas analogues,
l'acte, son contenu intrinsèque, existent par le consentement des comparants, avant l'intervention du juge ;

ce dernier ne fait que donner l'authenticité à ce qui existait déjà précédemment.

196. Après avoir ainsi fixé les principes relatifs aux deux espèces de juridiction, appliquons ces principes aux rapports internationaux.

C'est une maxime incontestée que l'autorité dont les juges de chaque État sont investis pour régler les relations des justiciables, même contre le gré de ces derniers, tire son origine ou sa force uniquement du pouvoir souverain du même État, par l'effet de la nomination des mêmes juges faite par ce pouvoir ou par ses délégués. Il suit de là, conformément au principe de l'indépendance des nations [1], que, dans la rigueur du droit (en droit strict), les jugements rendus dans un État ne peuvent avoir d'effet dans les pays étrangers [2]. En d'autres termes, et pour nous servir des paroles de Merlin [3], « l'autorité de la chose jugée ne dérive pas du droit des gens ; elle ne tire sa force que du droit civil de chaque nation. Or le droit civil ne communique point ses effets d'une nation à l'autre : l'autorité publique dont chaque souverain est investi ne s'étendant point au delà de son territoire, celle des magistrats qu'il insti-

---

[1] V. *suprà*, nᵒˢ 9, 10 et 11 (*Revue étrangère et française*, t. VII, p. 90 et suiv.).

[2] Klüber, Droit des gens de l'Europe (*Europaeisches Vœlkerrecht*), § 59, au commencement. M. Pinheiro-Ferreira, Notes sur Vattel, p. 305. M. Wheaton, Éléments du droit international (*Elements of International Law*), t. I, § 23, p. 188. M. Burge, Traité des lois des colonies et des lois étrangères en général, et de leur conflit entre elles et avec les lois anglaises (*Commentaries on colonial and foreign laws generally*, etc.), t. III, p. 1044.

[3] Questions de droit, vᵒ Jugement, § 14, nᵒ 1 (3ᵉ édit., t. IV, p. 20).

tue est nécessairement renfermée dans les mêmes limites ; et, par conséquent, les actes émanés de ces officiers doivent perdre sur la frontière toute leur force civile. Dès lors l'autorité de la chose jugée ne peut être invoquée, dans un État, à l'égard des jugements rendus par les tribunaux d'un État étranger. »

Toutefois, les relations de bonne amitié (*comitas*), et des considérations d'utilité et de convenance réciproque entre les nations (*ob reciprocam utilitatem*) ont fait admettre de nombreuses exceptions à la règle générale que nous venons d'énoncer [1] ; ces exceptions ont été établies, tantôt par des traités de nation à nation, tantôt par les lois d'un État qui sanctionnent, à cet égard, le principe de la réciprocité ; tantôt par le simple usage. Nous indiquerons ces diverses exceptions, et nous en examinerons l'étendue.

Dans le paragraphe 2, nous exposerons jusqu'à quel point la règle générale et les exceptions qu'elle admet sont applicables aux actes de juridiction volontaire.

197. Avant d'entrer dans le détail des exceptions à la règle générale, par rapport à la juridiction contentieuse, nous avons quelques observations à présenter sur les effets des jugements en général.

198. La législation française attribue aux jugements rendus dans le royaume deux effets qui sont inconnus dans les autres États de l'Europe, à l'exception de ceux qui ont adopté les lois de la France sur la matière.

---

[1] Martens, Précis du droit des gens, § 95. Boehmer, *jus publicum universale, pars specialis,* lib. 1, cap. 4, § 6, à la note. Henry, Traité de la différence entre les statuts réels et personnels, et de leurs effets sur les jugements rendus à l'étranger (*A Treatise on the difference between personal and real statutes, and its effect on foreign judgments,* etc.), p. 77. M. Burge, t. III, p. 1050.

En France, le jugement a trois effets : 1° il forme la chose jugée, c'est-à-dire, il règle définitivement le droit des parties par rapport à l'objet du jugement (art. 1350 et 1351 du Code civil); 2° il emporte hypothèque générale sur les immeubles actuels du débiteur et sur ceux qu'il pourra acquérir par la suite (art. 2123 du Code civil); 3° il entraîne l'exécution parée (*Executio parata*) : l'expédition du jugement porte le même intitulé que les lois, et elle est terminée par un mandement aux officiers de justice (art. 146 et 545 du Code de procédure civile); le jugement peut être mis à exécution par un huissier ou autre officier de justice, sur la simple réquisition de la partie qui l'a obtenu, sans qu'à cet effet il soit besoin d'une nouvelle ordonnance de justice (art. 547 du même Code).

Les lois des autres États de l'Europe reconnaissent également aux jugements le premier des effets que nous venons de signaler, mais elles leur refusent les deux autres. Dans ces États (à la seule exception de ceux qui ont adopté la législation française ou qui l'ont prise pour modèle)[1], les jugements n'emportent pas de droit hypothèque sur les biens du condamné; ils forment seulement le titre en vertu duquel l'autorité compétente accorde soit l'hypothèque sur des immeubles ou meubles que le créancier désigne spécialement à cette fin[2], soit l'envoi

---

[1] Code civil de Bade, art. 2123. Code civil des Deux-Siciles, art. 2009. Code civil sarde, art. 2177. *Motu proprio* de Sa Sainteté le pape, du 10 novembre 1834, art. 120. — Le Code civil des Pays-Bas ne reconnaît pas d'hypothèque judiciaire. *V*. la *Revue étrangère*, t. I, p. 649.

[2] Par exemple, en Autriche. Winiwarter, dans l'ouvrage cité *infrà*, art. II, t. II, p. 160. *V*. aussi M. Mittermaier, Principes du

en possession du créancier (*immissio*) dans les mêmes immeubles ou meubles [1]. — De même, l'exécution parée des jugements n'est pas admise dans les législations étrangères, à la seule exception des États qui ont adopté purement et simplement la loi française sur la matière [2]; la partie qui a obtenu le jugement doit s'adresser de nouveau à une autorité judiciaire, à l'effet d'obtenir un ordre d'exécution délivré à un officier de justice, et en vertu duquel cet officier procède aux actes d'exécution. Il est même quelques États dans lesquels les tribunaux n'ordonnent pas l'exécution des jugements étrangers, s'ils n'en sont requis par une commission rogatoire [3] délivrée par les juges qui ont rendu ces jugements; dans d'autres États, l'exécution des mêmes jugements est ordonnée, soit à la requête de la partie intéressée, soit en vertu d'une commission rogatoire; mais nulle part la copie ou expédition du jugement ne porte le même intitulé que les lois et le mandement général aux officiers de justice; nulle part aussi il ne peut être procédé à l'exécution par un officier de justice, en vertu du simple mandat que lui donne la partie en faveur de laquelle le jugement a été rendu; partout il faut un ordre spécial du juge, délivré à cet officier [4].

---

droit commun privé (*Grundsaetze des gemeinen deutschen Privatrechts*), § 262.

[1] Par exemple, en Prusse; Code de procédure civile, part. 1, tit. 24. En Bavière, Code de procédure civile, chap. 18, § 6.

[2] Code de procédure civile des Deux-Siciles, art. 637. Code de procédure civile de Genève, art. 374 et 375. *Motu proprio* du 10 novembre 1834, art. 1149 et 1228. Code de procédure civile des Pays-Bas, art. 430, 434 et 436.

[3] *V*. la *Revue étrangère*, t. IX, p. 96, n° 183 et suiv.

[4] Code de procédure civile d'Autriche, § 298 et suiv.; de Prusse,

De là vient qu'en exposant les effets que les lois des divers États accordent aux jugements rendus en pays étranger, nous n'entendons parler que de la chose jugée, et non pas de l'hypothèque judiciaire ni de la force exécutoire des jugements.

199. La législation française se distingue encore sous un autre rapport de celles des autres États de l'Europe[1], en matière d'exécution des jugements : c'est qu'elle autorise cette exécution avant l'expiration des délais pendant lesquels le jugement peut être attaqué par la voie de l'appel [2] ou de l'opposition [3], tandis que, dans les pays étrangers, l'exécution ne peut être requise et ordonnée avant l'expiration de ces mêmes délais [4], et seulement

part. 1, tit. 24, § 1; de Bavière, chap. 18, §§ 1 et 2 ; de Bade, § 945. Martin, Manuel de la procédure civile du droit commun allemand (*Lehrbuch des deutschen gemeinen bürgerlichen Prozesses*), 11ᵉ édition, § 265. Bayer, p. 545. M. Mittermaier, la Procédure civile allemande comparée avec celle de la France (*Der gemeine deutsche bürgerliche Prozess*, etc.), partie III, p. 153 et suiv. Lois et constitutions sardes, liv. 3, tit. 32, art. 1.— Il en est de même en Angleterre. *V*. le *Cabinet Lawyer*, édit. de 1832, p. 41, et Tomlins, *Law Dictionary*, *v°* Exécution.

[1] Il y a exception pour l'Angleterre, où le jugement peut être mis à exécution immédiatement après qu'il a été signé (Tomlins, *ibid.*, 11), et relativement aux pays dont les codes ont pris le code français pour modèle. Code de procédure civile des Deux-Siciles, art. 249, 519 et 521. Code de procédure civile de Genève, art. 136, 142, 314 et suiv. Code de procédure civile des Pays-Bas, art. 80, 342 et 350.

[2] Art. 450 et 457 du Code de procédure civile.

[3] *Ibid.*, art. 155.

[4] *V*., pour l'Autriche, Ofner, dans l'ouvrage cité *infrà*, art. 11, t. 1, § 298, p. 277 ; le Code de procédure civile de Prusse, part. 1 tit. 24, § 2; celui de Bavière, chap. 18, § 1 ; celui de Bade, § 944. Martin, §§ 263, 267 et 268. Bayer, p. 543.

lorsque, par ce laps de temps, le jugement a passé en
force de chose jugée. Ainsi, quand, dans les pays
étrangers, il est question de l'exécution des jugements,
on suppose toujours qu'ils sont devenus inattaqua-
bles.

200. Il est généralement reconnu qu'un jugement ne
peut être exécuté, dans un pays étranger, en vertu de
l'autorité du juge qui l'a rendu : le juge étranger a seul
le droit de rendre ce jugement exécutoire dans le pays
où il exerce ses fonctions. La question est de savoir, si
ce dernier juge accordera son *exequatur* sur simple pé-
tion ou réquisition, ou bien s'il ne le donnera qu'après
révision du fond de la contestation [1].

201. Parmi les auteurs qui ont écrit sur le droit des
gens moderne de l'Europe, Vattel [2], Martens [3], Klüber [4],
Schmalz [5], M. de Kamptz [6] et M. Pinheiro-Ferreira [7],
soutiennent qu'avec la réunion des trois conditions ci-
après indiquées, le jugement rendu dans un État doit
faire irrévocablement droit et chose jugée entre les parties, et doit recevoir son exécution sous l'autorité des
tribunaux d'un État étranger, comme si ce jugement
avait été rendu par les tribunaux de ce dernier État.

---

[1] M. Aubry, dans la *Revue étrangère*, t. III, p. 127.

[2] Droit des gens, liv. II, chap. 7, §§ 84 et 85.

[3] Précis du droit des gens moderne de l'Europe, §§ 94 et 95.

[4] Le Droit des gens de l'Europe (*Europaeisches Voelkerrecht*),
§ 59.

[5] Le Droit des gens européen, traduit de l'allemand par le comte
Léopold de Bohm, p. 155.

[6] Études sur le droit public et le droit des gens (*Beitraege zum
Staats und Voelkerrecht*), p. 113 et suiv.

[7] Notes sur Martens, t. I, p. 417 et 418 ; Notes sur Vattel, p. 303
et suiv.

Ces trois conditions sont, suivant Martens : 1° que le tribunal ait été compétent, soit d'après la nature du litige, soit en vertu de conventions expresses ou tacites existant entre les deux États ; 2° que le plaideur étranger ait été entendu dans les formes prescrites par les lois du pays où la cause a été jugée, et qu'à l'égal du sujet on lui ait ouvert les voies de recours dans les cas où il est permis de s'adresser à un juge supérieur ; 3° qu'au fond, la cause ait été jugée d'après les lois du pays [1], et que la décision soit définitive et en dernier ressort. Lorsque ces trois conditions se trouvent réunies, un second procès sur la même cause doit, dans tous les pays, être repoussé par l'*exceptio rei judicatæ*, que la partie qui a succombé soit sujet né du pays dans lequel la sentence a été rendue, ou qu'elle y ait simplement établi sa résidence.

202. Le principe posé par les auteurs cités a été adopté par les lois ou par l'usage de la majeure partie des nations européennes. Il faut chercher le motif de cette adoption d'un principe commun, non pas dans des théories *à priori* [2], mais dans des considérations d'utilité et

---

[1] Ou, en d'autres termes, d'après les règles que nous avons exposées plus haut, sur les statuts personnels et réels, et sur les lois qui régissent les solennités externes et internes (la forme et la matière) des actes. (*Revue étrangère*, t. VII, p. 200, 216, 346 et 608.)

[2] Nous ne partageons pas l'opinion de Klüber, qui soutient (Droit des gens de l'Europe, § 59) que le jugement rendu par le juge compétent, sur l'action formée par un étranger, ou à la suite des défenses au fond fournies par ce dernier, doit, à l'instar d'une convention ou d'un choix d'arbitres, sortir ses effets dans les États étrangers. De même nous regrettons de nous trouver en désaccord avec M. Pinheiro-Ferreira, suivant lequel la maxime : *Res judicata pro veritate habetur*, a sa base dans la loi du contrat des parties qui, par le fait de vivre sous les mêmes lois, sont censées consentir aux décisions prises par les juges chargés de l'application de ces lois,

de convenance réciproque (*ob reciprocam utilitatem*), qui ont déterminé les nations à se départir de la rigueur du droit[1]. C'est pourquoi aussi, dans les États dont nous parlons, on exige, outre les trois conditions énoncées ci-dessus, celle de la réciprocité, et même on regarde cette dernière condition comme la principale de l'exécution des jugements étrangers.

Cette exécution a lieu sous la condition de la réciprocité, à laquelle doivent se joindre tout ou partie des trois autres conditions, dans les États ci-après indiqués : les pays allemands encore régis par la législation qu'on appelle le droit commun[2], l'Autriche, la Prusse, la Bavière, le Wurtemberg, le Hanovre, le royaume de Saxe, le grand-duché de Saxe-Weimar et les duchés de Saxe, le grand-duché de Bade, l'électorat de Hesse, le grand-duché de Hesse, les grands-duchés d'Oldenbourg et de Mecklenbourg, les duchés de Brunswick, de Nassau et d'Anhalt, les principautés de Hohenzollern, de Schwarzbourg et de Reuss, les villes libres de Francfort, Lubeck, Hambourg et Brême, plusieurs cantons suisses, les États pontificaux, le royaume de Sardaigne, le Danemarc, les duchés de Holstein et de Schleswig, enfin l'Espagne, le Portugal et le Brésil.

Mais le principe de la réciprocité n'est pas admis en France[3]; il est de même repoussé dans les États qui se

---

comme le seul moyen de mettre un terme à leurs différends. (Notes sur Vattel, p. 304.)

[1] V. *suprà*, n° 11 (*Revue étrangère*, t. VII, p. 91), et ci-dessus, n° 196. *V.* aussi l'ouvrage intitulé : Thémis, ou Études sur la législation (*Themis, oder Beitraege zur Gesetzgebung*), par M. de Feuerbach ; 1812, p. 81 et suiv.

[2] *V.* la *Revue étrangère*, t. V, p. 695.

[3] En France, ainsi que nous l'expliquerons *infrà*, à l'article

sont appropriés la législation de ce royaume, tels que les pays détachés de la France en 1814 et 1815, la Belgique, les royaumes des Deux-Siciles et des Pays-Bas, le grand-duché de Toscane, le canton de Genève, la Grèce et la république d'Haïti. Les usages suivis en Suède et en Norwége, ainsi que la législation de la Russie, n'admettent pas non plus le principe de la réciprocité.

En Angleterre, en Écosse et aux États-Unis, la jurisprudence a admis un troisième système, qui laisse aux tribunaux la liberté d'ordonner l'exécution même des jugements rendus dans les États qui n'admettent pas le principe de la réciprocité.

Nous allons faire connaître successivement les lois et usages en vigueur sur la matière dans les divers États que nous venons d'énumérer. Nous commencerons par ceux dans lesquels la législation ou la jurisprudence des tribunaux a adopté les principes indiqués par les auteurs qui ont écrit sur le droit des gens.

203. Partout où l'exécution des jugements rendus à l'étranger est admise, les tribunaux du pays n'exercent, relativement à cette exécution, qu'une mission de forme, la même qu'ils exercent également par rapport à l'exécution des jugements d'un autre tribunal du même État[1] : cette mission se borne à vérifier, si le jugement

---

France, le législateur a établi un principe qui s'écarte sur un point de ce qui est admis dans les autres États de l'Europe : la jurisprudence des cours et tribunaux a généralisé cette divergence de principes, en donnant à la loi un sens qui nous semble dépasser les intentions du législateur. C'est ainsi que, de fait, la France et les pays qui ont adopté sa législation sur la matière, se trouvent placés dans un état d'isolement vis-à-vis le reste de l'Europe.

[1] V. *suprà*, nᵒˢ 197 et 199.

est revêtu des caractères extérieurs qui en attestent l'authenticité, et s'il remplit tout ou partie des conditions indiquées ci-dessus ; les tribunaux du lieu de l'exécution n'entrent aucunement dans l'examen du mérite intrinsèque du jugement.

En Allemagne, par exemple, et pour nous servir du langage consacré par l'usage, les juges du même État réunissent *jurisdictionem* et *imperium*, c'est-à-dire, ils ont à la fois le pouvoir de statuer sur la contestation, et celui de faire exécuter leur décision. En reconnaissant l'exécution des jugements rendus en pays étranger, on accorde aux juges étrangers le pouvoir de juridiction, et on réserve aux juges du pays seuls le *imperium*[1].

204. Du reste, la loi du lieu où se fait l'exécution du jugement rendu à l'étranger, régit les formalités qui doivent accompagner cette exécution, les différentes voies d'exécution à employer, et les effets que le jugement doit sortir : car l'exécution n'a lieu que sous l'autorité de la loi et des tribunaux de ce même pays[2]. Dès lors cette loi décide les questions de savoir, si le jugement rendu à l'étranger emporte hypothèque ou contrainte par corps ; si celui qui l'a obtenu peut, comme en France, faire exercer cumulativement toutes les voies

---

[1] Glück, Commentaire, t. III, § 185, p. 17. — En droit romain, le *imperium* n'appartenait point aux juges, en règle générale. Glück, *ibid.*, § 184, p. 8, et § 187.

[2] V. *suprà*, n° 79 (*Revue étrangère*, t. VII, p. 769). Voet, *de Statutis*, § 10, n° 14. Voet, *ad ff.*, *lib.* 42, *tit.* 1, n° 39 ; *lib.* 1, *tit.* 5, n° 13. Faber, *Codex*, *lib.* 7, *tit.* 20, *def.* 48. Sande, *Decisiones Frisiæ*, *lib.* 1, *tit.* 13, *def.* 5, à la fin. Muller, *Promptuarium juris*, v° *Executio*, n° 69. Hommel, *Rhapsodia quæstionum*, *obs.* 409, n° 10. M. Burge, t. III, p. 1049.

d'exécution, ou s'il est obligé à ne les employer que successivement et dans l'ordre tracé par la loi, etc., etc. Nous aurons occasion de revenir sur cette matière.

Art. I. États allemands régis par le droit commun.

205. Avant la publication de nouveaux codes dans divers territoires allemands, l'ensemble de législation qu'on appelle le droit commun faisait la loi de l'ancien empire germanique.

Durant l'existence de cet empire, chacun des États qui le composaient prêtait la main à l'exécution des jugements rendus dans toute l'étendue de l'empire [1]; à cet effet, le juge qui avait prononcé adressait une commission rogatoire à celui du lieu où l'exécution devait se faire [2]. Mais il n'en était pas toujours ainsi lorsqu'il s'agissait de jugements rendus dans les pays étrangers à l'empire. L'état du droit, sous ce dernier rapport, se trouve constaté par le Code de procédure civile de Bavière, de 1753, le premier, dans l'ordre chronologique, des codes de procédure civile publiés en Allemagne. On y lit, chap. 18, § 2, nᵒˢ 2 et 3 : « L'exécution ..... aura » lieu par le juge de première instance ; lorsque la per-

---

[1] *V*. Haas, *De effectu exceptionis rei judicatæ in territorio alieno.* Gœttingue, 1791. Boehmer, Recueil de causes célèbres (*Auserlesene Rechtsfaelle*), t. I, nᵒ 89, p. 707. Martin, § 113. M. Mittermaier, De l'exécution d'un jugement rendu par un tribunal étranger (*Von der Vollstreckung eines von einem auslaendischen Gerichte gefaellten Urtheils*), dans les « Archives de la jurisprudence en matière civile » (*Archiv für die civilistische Praxis*), t. XIV, p. 84 et suiv.

[2] Lauterbach, *Collegium theoretico-practicum*, lib. 22, tit. 1, § 33. Struv., *exercit.* 44, *thes.* 17, et les notes de Muller. Muller, *Promptuarium juris*, vᵒ *Executio*, nᵒ 67 et suiv. Martin, § 114. M. Burge, t. III, p. 1049.

» sonne ou les biens du débiteur ne se trouveront pas
» dans sa juridiction , il adressera une commission roga-
» toire au juge du lieu. Celui-ci ne pourra refuser l'exé-
» cution ni s'arroger un droit d'examen , à moins qu'il
» ne s'agisse du mode de l'exécution , ou que l'exécution
» ait été requise par une autorité étrangère contre un
» regnicole ; dans ce dernier cas , on n'exécutera qu'a-
» près examen sommaire du mérite du fond de la sen-
» tence , lorsque le prétendu débiteur. se plaindra , avec
» quelque apparence de raison , de nullités ou d'injus-
» tices commises à son préjudice. »

Après la dissolution de l'empire , plusieurs auteurs [1]
ont soutenu que chacun des États allemands n'était plus
obligé de faire mettre à exécution les jugements rendus
dans un autre État , par suite de l'indépendance que
chacun d'eux avait acquise. Toutefois, cette opinion,
vraie dans la rigueur du droit , est loin d'avoir été généralement reçue dans la pratique [2], et les auteurs allemands qui ont écrit sur la procédure du droit commun,
continuent à professer le principe qu'une sentence rendue en matière civile est valable partout [3], ou , en d'autres termes , que le jugement passé en force de chose
jugée forme , *sans égard aux limites territoriales*, la loi
spéciale des parties à l'égard des points décidés [4]. Ainsi,
le tribunal requis de procéder à l'exécution n'a qu'une

---

[1] M. Zachariæ, Droit public des États composant la confédéra-
tion du Rhin (*Staatsrecht der rheinischen Bundesstaaten*), p. 70.
M. de Linde , Manuel de la procédure du droit commun allemand
(*Lehrbuch des deutschen gemeinen Civilprocesses*), § 180.

[2] M. de Kampz , Études, p. 113.

[3] Glück, Introduction , §§ 17 et 18 , p. 97, n° 1. Haas, *passim*.

[4] Martin , § 113.

chose à vérifier (outre la condition de la réciprocité) : c'est de savoir si , d'après les lois du pays où le jugement a été rendu , il a passé en force de chose jugée.

Nous verrons , aux articles suivants , que ce sont surtout les États allemands de moindre étendue qui ont conservé, en cette matière, l'application du droit commun , tandis que les États du premier et du deuxième rang possèdent des lois spéciales.

Art. II. Autriche.

206. L'exécution des jugements rendus en pays étranger a été l'objet de plusieurs décrets impériaux que nous citerons dans les notes , et qui sont imprimés dans l'ouvrage de M. Zimmerl [1]. Nous en donnons ci-après le résumé [2].

Les tribunaux ordonneront l'exécution des jugements rendus par les tribunaux d'un État étranger, même au préjudice d'un sujet autrichien [3], mais seulement avec la réunion des quatre conditions suivantes : 1° De la réciprocité incontestée, d'après laquelle les sujets autrichiens

---

[1] Manuel des juges , avocats et autres officiers de justice dans les États autrichiens (*Handbuch für Richter, Advocaten und Justitzbeamte* , etc.), 1830: sur l'art. 298 du Code de procédure civile , t. I, p. 252 et suiv.

[2] Ce résumé est extrait d'une communication de M. Schuller, docteur en droit et avocat à Vienne , l'un des collaborateurs de la *Revue étrangère* , ainsi que des ouvrages suivants : 1° Ofner, Exposé des lois de procédure et de faillite (*Darstellung der allgemeinen Gerichts und Concurs Ordnung*), 1825, t. I, p. 278 et suiv.; 2° Winiwarter, Manuel des lois de justice et d'administration (*Handbuch der Justitz und politischen Gesetze*, etc.), 1835, t. I, § 33, B., p. 93 ; 3° de Püttlingen , de la Position légale des étrangers en Autriche (*Die gesetzliche Behandlung der Auslaender in Œsterreich*), 1842 , § 137.

[3] Décrets des 18 mai 1792 , 18 janvier 1799 et 15 février 1805.

sont traités, dans l'État où le jugement a été rendu, et en matière d'exécution de jugements rendus en leur faveur, de la même manière que les sujets de cet État demandent à être traités en Autriche [1]. Le requérant justifiera de cette réciprocité par l'attestation d'une cour supérieure de justice de l'État étranger [2]. — 2° De la compétence du tribunal étranger; c'est-à-dire que ce tribunal, d'après les lois de l'État où il est établi, se trouve compétent à prononcer dans une cause concernant un sujet autrichien [3]. Il doit être justifié de cette compétence par une attestation de la cour supérieure étrangère : la déclaration du tribunal qui a prononcé le jugement ne suffit pas. — 3° De l'observation des formes légales prescrites dans l'État étranger [4]. — 4° De la force de chose jugée acquise au jugement [5] : ce fait peut être attesté par le juge étranger de première instance, attendu qu'en règle générale c'est lui qui est chargé d'ordonner l'exécution ou de statuer sur les contestations auxquelles cette exécution pourra donner lieu.

Les tribunaux autrichiens, en faisant procéder à l'exécution du jugement étranger, se conformeront aux dispositions du Code de procédure civile [6]. Il ne suffit pas d'une réquisition ou commission rogatoire du tribunal étranger qui a prononcé le jugement : la partie au profit de laquelle il a été rendu doit en réclamer elle-même l'exécution, soit en personne, soit par le ministère d'un

---

[1] Décret du 15 février 1805.

[2] Décrets du 11 juillet 1817 et 1er mai 1819.

[3] Décret du 18 mai 1792. — *V.* ci-après, les traités passés entre l'Autriche, d'une part, et le Bade et la Prusse, d'autre part.

[4] Décret du 18 janvier 1799.

[5] Décret du 18 mai 1832.

[6] Décrets des 18 mai 1792 et 18 janvier 1799.

mandataire[1]. La requête contiendra la désignation des biens meubles ou immeubles sur lesquels l'exécution est réclamée : le tribunal saisi nommera au poursuivant un mandataire d'office, s'il n'en a pas choisi[2].

207. Des dispositions spéciales règlent l'exécution des jugements rendus en Hongrie[3] et en Transylvanie[4] au préjudice des sujets des autres États autrichiens, *et vice versâ*.

208. Une déclaration du gouvernement badois, publiée en Autriche par décret du 14 mai 1819, a dérogé à l'art. 2123 du Code civil, en faveur des jugements rendus par les tribunaux autrichiens; et dès lors les jugements badois sont également exécutés en Autriche. Par un traité additionnel conclu entre les deux gouvernements, publié en Autriche par décret du 28 mai 1838, il a été convenu : 1° que la question de la compétence du tribunal qui a prononcé le jugement sera appréciée suivant la loi de l'État auquel appartient ledit tribunal : 2° s'il s'élève des doutes à ce sujet dans l'esprit des juges de l'exécution, ou si le défendeur conteste la compétence du tribunal étranger, le tribunal de l'exécution, sans admettre des débats contradictoires sur cette question entre les parties, requerra le tribunal étranger de lui fournir des renseignements; 3° si ces renseignements paraissent suffisants, il sera procédé à l'exécution : sinon, le tribunal de l'exécution consultera, en Bade, le ministre de la justice; en Autriche, la cour supérieure[5].

209. Aux termes d'une convention conclue entre les

---

[1] Décret du 18 janvier 1799.

[2] Décret du 15 février 1805.

[3] Décrets des 2 août 1792, 24 novembre 1797, 19 juin 1813 et 24 décembre 1817. Ofner, p. 279 et suiv.

[4] Décrets des 15 juillet 1793 et 22 avril 1796. Ofner, *ibid.*

[5] De Püttlingen, § 136, p. 150 et 151.

gouvernements d'Autriche et de Prusse, publiée en Autriche par décret du 24 août 1840, les tribunaux respectifs déféreront aux réquisitions tendant à l'exécution des jugements, excepté dans le cas où le tribunal qui a rendu le jugement n'était pas compétent d'après la loi de l'État dans lequel l'exécution est réclamée[1]. Cette convention exceptait également les jugements rendus dans la Prusse rhénane, où la législation française est encore en vigueur; mais un traité postérieur[2] a levé cette exception, en établissant que dorénavant les jugements rendus dans la Prusse rhénane seront exécutoires en Autriche, *et vice versâ.*

210. Le décret impérial du 1er mars 1809 contient des dispositions spéciales relatives à l'exécution des jugements rendus en France. Ces dispositions se trouvent reproduites dans les motifs d'un arrêt de la cour d'appel de Vienne, en date du 21 septembre 1840 (publié le 1er octobre suivant), dans la cause de Haber contre Lanneau, et dont l'expédition a passé sous mes yeux. Le pourvoi formé en révision contre cet arrêt a été rejeté Les motifs en sont ainsi conçus : « Aux termes du décret du 1er mars 1809, publié par la circulaire de la cour d'appel en date du 10 du même mois, et qui n'a pas été rapporté par une disposition postérieure, les jugements des tribunaux français dont l'exécution est réclamée en Autriche, sont soumis à un nouvel examen devant le tribunal dont le débiteur est justiciable en matière personnelle. D'après l'esprit et le but de cette loi, le demandeur ne peut être admis à soutenir devant ce tribunal que sa créance est devenue liquide par le jugement

---

[1] De Püttlingen, § 136, p. 154.

[2] *Revue étrangère*, t. VII, p. 1023.

rendu en France ; il est tenu, au contraire, de justifier de ses prétentions par toutes les preuves légales qui sont en son pouvoir. Par contre, le défendeur est en droit de faire valoir devant le tribunal toutes les exceptions et tous les moyens de défense, même ceux qu'il n'avait pas proposés devant le tribunal français. » — Voilà des mesures complètes de rétorsion.

Art. III. Prusse.

211. Le Code de procédure civile de Prusse, part. I, tit. 24, § 30, porte : « Les tribunaux du royaume met-
» tront à exécution les jugements rendus par les tribu-
» naux étrangers, lorsqu'ils en seront régulièrement
» requis, à moins qu'il ne s'élève une difficulté soit re-
» lativement à la compétence du tribunal dont émane la
» réquisition, soit quant au fond même, auquel cas les
» tribunaux inférieurs consulteront la cour qui leur est
» immédiatement supérieure, et celle-ci, selon les cir-
» constances, prendra l'avis du ministre de la justice. »

La jurisprudence des tribunaux de Prusse n'applique cette disposition qu'aux jugements rendus dans un pays dont les tribunaux reconnaissent également l'autorité des jugements prussiens. A l'égard des États où, comme la France, on refuse toute autorité aux juge-ments étrangers, on applique en Prusse le § 43 de l'in-troduction au Code général, ainsi conçu : « Mais si un
» État étranger rend des lois onéreuses aux étrangers en
» général, ou aux sujets des États prussiens en particu-
» lier, ou s'il souffre sciemment de pareils abus au pré-
» judice de ces derniers, on usera du droit de rétorsion. »
En conséquence les tribunaux prussiens ne reconnais-sent point l'autorité des jugements français, et ceux-ci sont réputés non avenus en Prusse.

Un ordre du cabinet, en date du 31 mai 1813 [1], ajoute que, pendant la guerre, l'exécution contre un sujet prussien, au profit d'un sujet de la puissance ennemie, ne peut être suspendue qu'autant que la partie condamnée fournit une caution en deniers comptants, pour tout le temps que durera l'interruption des communications.

212. Les jugements ou arrêts passés en force de chose jugée, rendus dans la Prusse rhénane, seront mis à exécution dans l'ancienne Prusse ; et, réciproquement, les décisions des tribunaux de l'ancienne Prusse recevront leur exécution dans la Prusse rhénane, sur l'attestation délivrée par le tribunal qui a prononcé, ou par le président de la cour supérieure, portant que le jugement ou arrêt est passé en force de chose jugée et susceptible d'exécution.

Dans le premier cas, le procureur du roi, sur la requête à lui présentée par la partie intéressée, adressera une commission rogatoire au tribunal dans le ressort duquel l'exécution devra avoir lieu. Dans le second cas, le tribunal de la Prusse rhénane, sur la présentation du jugement ou de l'arrêt, ou d'une transaction passée en justice, et le ministère public entendu, ordonnera que lesdites pièces seront revêtues de la forme exécutoire, et elles seront ensuite mises à exécution d'après les règles ordinaires, à la requête de la partie intéressée [2].

---

[1] De Strombeck, Suppléments au Code de procédure civile (*Ergaenzungen der allgemeinen Gerichtsordnung*), t. I, p. 231, § 499.

[2] Rescrit du ministre de la justice du 23 août 1834. *Ibid.*, p. 249, §§ 533 et 535. Lottner, Recueil des lois, ordonnances royales et rescrits ministériels rendus pour la Prusse rhénane depuis 1813

213. Une convention conclue entre la Prusse et le grand duché de Saxe-Weimar, le 8-25 juin 1824 [1], contient les dispositions suivantes :

Art. 2. « Les jugements des tribunaux seront exécu-
» tés dans les deux pays, pourvu qu'ils soient rendus
» par un tribunal compétent aux termes des disposi-
» tions de la présente convention [2], et qu'ils aient ac-
» quis l'autorité de la chose jugée, d'après la loi de l'É-
» tat dans lequel siége le tribunal dont ils émanent. Ces
» jugements seront exécutés sur la fortune que la partie
» condamnée possède dans l'autre état.

» Art. 3. Le jugement rendu par un tribunal compé-
» tent et passé en force de chose jugée produit, devant
» les tribunaux de l'autre État, l'exception de la chose
» jugée ; cette exception a les mêmes effets que si le ju-
» gement émanait d'un tribunal siégeant dans l'État où
» cette exception est opposée. »

Les mêmes dispositions ont été reproduites dans les conventions conclues avec Saxe-Altenbourg, le 18 février 1832 [3], avec Saxe-Cobourg-Gotha, le 23 dé-

---

(*Sammlung*, etc.), t. IV, p. 141. M. Schlink, Exposé comparatif et critique de la procédure d'exécution (*Das franzoesische..... und das preussische Executions Verfahren*), p. 11. *V.* sur cet ouvrage, la *Revue étrangère*, t. VIII, p. 921.

[1] Bulletin des lois (*Gesetzsammlung*) de Prusse, 1824, p. 149. Martens, Nouveau recueil des traités de paix, t. VI, p. 449.

[2] Les art. 5 à 33 reconnaissent le *forum domicilii*, *reconventionis*, *provocationis* (*ex lege diffamari* ou *si contendat*), *successionis*, *concursus creditorum*, *rei sitæ*, *arresti*, *contractus*, *cambii*, *interventionis et litispendentiæ*. *V.* sur ces divers *fora*, Martin, Manuel, §§ 48, 51, 53, 55, 56, 60, 70 et 322, et le Code de procédure civile de Prusse, part. I, tit. 2, 7, 19, 27, 32, 50 et 51.

[3] Bulletin des lois, 1832, p. 105.

cembre 1833 [1] ; avec les princes de Reuss-Plauen , ligne cadette, le 5 juillet 1834 [2] ; avec le royaume de Saxe , le 14 octobre-11 décembre 1839 [3] ; avec Schwarzbourg-Rudolstadt , le 12 août 1840 [4] ; avec Anhalt-Bernbourg , le 9 septembre 1840 [5], et avec le duché de Brunswick , le 4-9 décembre 1841 [6].

Nous avons déjà fait mention , à l'article *Autriche,* des conventions conclues avec cette puissance.

Le 4 juin 1841 , une convention est intervenue entre la Prusse et le grand-duché de Hesse , relativement à l'exécution réciproque des arrêts et jugements rendus dans les provinces rhénanes des deux États , lesquelles continuent à être régies par les lois françaises. Voici le texte de ce traité [7] :

Art. 1er. « Les jugements [8] définitifs et exécutoires qui » seront rendus à l'avenir, en matière civile, par les tribu- » naux de l'une des deux provinces respectives , emporte- » ront hypothèque contre le condamné , et pourront être » mis à exécution contre lui dans l'autre province, de la » même manière que s'ils étaient rendus dans cette der- » nière. — Sont uniquement exceptés les jugements ren- » dus , soit sur des questions d'état, soit sur des matières

---

[1] Bulletin des lois, 1834, p. 9.

[2] *Ibid.*, 1834 , p. 124.

[3] *Ibid.*, 1839 , p. 353.

[4] *Ibid.*, 1840 , p. 239.

[5] *Ibid.*, p. 250.

[6] *Ibid.*, 1842 , p. 1.

[7] Il a été promulgué en Prusse le 6 juillet 1840 (Bulletin des lois, 1841 , p. 122), et en Hesse le 19 juin même année.

[8] Nous traduisons par *jugement* le mot allemand *Urtheil,* qui comprend à la fois les décisions en première et en seconde instance (Arrêts et jugements).

» dans lesquelles les lois de l'autre province n'autorisent
» point la prorogation de juridiction , lorsque, dans les
» deux cas , la question d'état ou la contestation con-
» cerne un regnicole de cette autre province.

» Art. 2. Toutefois les jugements désignés à l'art. 1er
» et rendus dans l'une des provinces , n'emporteront
» hypothèque dans l'autre et ne pourront y être mis à
» exécution , qu'autant qu'ils auront été préalablement
» declarés exécutoires par le tribunal de première in-
» stance dans le ressort duquel l'inscription devra être
» prise ou l'exécution effectuée. — Lorsqu'il s'agira de
» prendre inscription ou de mettre le jugement à exécu-
» tion dans le ressort de plusieurs tribunaux , il suffira
» qu'il ait été déclaré exécutoire par l'un d'eux.

» Art. 3. La partie qui veut poursuivre l'exécution
» du jugement , présentera au président du tribunal de
» première instance du lieu où l'exécution devra être
» faite (art. 2), et par le ministère d'un avoué, la
» grosse exécutoire, et une copie certifiée de cette grosse,
» avec requête tendant à obtenir la déclaration d'exé-
» cution.

» Art. 4. Le tribunal statuera sur cette requête en
» chambre du conseil, sur le rapport d'un juge et sur
» les conclusions du ministère public, sans qu'il soit
» besoin d'appeler la partie condamnée. — Si le tribu-
» nal déclare le jugement exécutoire , une expédition de
» cette décision sera écrite sur la grosse et remise à l'a-
» voué. La copie certifiée de cette grosse présentée avec
» la requête , demeurera annexée à la minute de la déci-
» sion qui déclare le jugement exécutoire, et sera , avec
» celle-ci , déposée au greffe. — Si la chambre du con-
» seil refuse de déclarer le jugement exécutoire, elle
» ordonnera en même temps la restitution de la grosse

» présentée avec la requête. — Il est loisible au requé-
» rant de présenter au tribunal de seconde instance,
» une requête en recours contre ladite sentence dont
» il joindra une expédition, en observant les formalités
» prescrites en l'article 3. — Les tribunaux de première
» et de seconde instance se borneront à examiner si le
» jugement rentre dans l'une des exceptions indiquées à
» la seconde partie de l'art. 2 : du reste il leur est inter-
» dit d'examiner, soit la compétence du tribunal étran-
» ger qui a rendu le jugement, soit la légalité de la dé-
» cision au fond.

» Art. 5. Les jugements étrangers déclarés exécu-
» toires en vertu des dispositions de l'art. 4, seront mis à
» exécution, tant sur la fortune mobilière que sur la
» fortune immobilière du condamné, et aussi par la
» voie de la contrainte par corps, lorsque les lois en vi-
» gueur dans le pays de l'exécution autorisent cette
» voie.

» Art. 6. En cas d'opposition formée par le condamné
» à l'exécution du jugement qui a été déclaré exécutoire,
» le tribunal de première instance du lieu de l'exécution
» ne pourra connaître de cette opposition, qu'autant
» qu'elle sera basée sur un des motifs ci-après, savoir :
» 1° que le jugement rentre dans l'une des exceptions
» indiquées à la seconde partie de l'article 2 ; 2° que la
» force exécutoire du jugement se trouve suspendue par
» des voies de recours ou d'une autre manière, ou
» qu'elle a été légalement éteinte ; 3° que les formalités
» prescrites au lieu de l'exécution ont été négligées, ou
» qu'on a procédé par une voie d'exécution non auto-
» risée ; 4° que, depuis la prononciation du jugement
» déclaré exécutoire, la dette a été éteinte par payement,
» compensation, remise, transaction, ou de toute autre

» manière ; pourvu, toutefois, que la partie condamnée
» ne puisse plus faire valoir cette exception par voie de
» recours contre le jugement même.

» Art. 7. Les oppositions formées par des tiers contre
» l'exécution du jugement, et particulièrement celles
» qui ont pour but de réclamer la propriété des objets
» saisis contre le débiteur, seront portées au tribunal
» du lieu de l'exécution.

» Art. 8. Les tribunaux de l'État dans lequel a été
» rendu le jugement déclaré exécutoire, auront seuls le
» pouvoir de statuer sur les moyens de droit autorisés
» par la législation du même État, et que la partie con-
» damnée aura fait valoir contre ledit jugement, même
» dans le cas où ces moyens reposent sur l'incompétence
» desdits tribunaux.

» Art. 9. La loi du 10 septembre 1807, sur la contrainte
» par corps contre les étrangers, ne sera pas appliquée
» dans l'une des deux provinces au préjudice des regni-
» coles de l'autre.

» Art. 10. La présente convention est conclue pour la
» durée de douze années consécutives, à partir du
» 1er juillet 1841, sous la condition, néanmoins, que le
» Code civil et l'organisation judiciaire en vigueur en ce
» moment, seront conservés dans les deux provinces.
» A défaut de dénonciation, faite au moins six mois
» avant l'expiration desdites douze années, cette con-
» vention continuera d'être observée, dans tout son
» contenu, pendant une nouvelle période de douze
» ans. »

214. Les tribunaux du royaume des Pays-Bas ayant
refusé purement et simplement de recevoir les demandes
portées devant eux, tendant à déclarer exécutoire un
jugement rendu dans la Prusse rhénane, ou de consi-

dérer ce jugement comme un titre pouvant servir de base à une action formée devant eux , toutes les fois que ce jugement statuait sur les intérêts d'un sujet néerlandais , trois rescrits du ministre de la justice , en date des 19 juin et 6 octobre 1828 , et 9 décembre 1836 [1], ont établi des mesures de rétorsion ; toutefois il est demeuré libre aux tribunaux de reconnaître , selon les circonstances de chaque espèce , que le jugement néerlandais entraîne, à la charge du sujet prussien , des engagements qui l'obligent à l'égal d'un contrat.

D'après l'assertion d'un auteur respectable [2], les tribunaux de la Prusse rhénane n'appliquent point ces dispositions de rétorsion aux jugements rendus en Belgique depuis 1830. Cependant la cour royale d'appel de Cologne, conformément aux principes de la législation française, a décidé , le 6 mai 1828 [3], et le 4 mars 1837 [4], que le jugement rendu en Belgique , au préjudice d'un sujet prussien , ne peut être déclaré exécutoire sans examen préalable du fond.

Art. IV. Bavière.

215. En Bavière la matière de l'exécution des jugements rendus à l'étranger a été réglée par deux décrets royaux en date du 9 octobre 1807 et 2 juin 1811 [5]. Voici le résumé de leurs dispositions.

« Les jugements rendus par les tribunaux étrangers com-

---

[1] Lottner, t. III , p. 232 et 249 ; t. V, p. 517.

[2] M. Schlink , dans l'ouvrage cité, p. 14.

[3] Archives du droit civil et criminel de la Prusse rhénane (*Archiv für das Civil und Criminal-Recht*, etc.), t. XII, 1re partie, p. 10.

[4] *Ibid.*, t. XXV, 1re partie, p. 79.

[5] Bulletin officiel (*Baiersches Regierungblatt*) du 24 octobre 1807 et du 8 juin 1811. M. de Kamptz , à l'endroit cité, p. 133.

pétents, soit à raison du domicile de la partie qui a succombé, soit comme juge de la situation de l'objet litigieux, ou comme *forum arresti, forum contractus*, ou *forum administrationis*, seront exécutés en Bavière, pourvu : 1° qu'il soit constaté, par des attestations judiciaires, que, dans l'État où le jugement a été rendu, le poursuivant ne trouve pas de moyens d'exécution suffisants ; 2° qu'il n'existe aucune réclamation élevée par des sujets bavarois en vertu de créances qui leur assurent, soit un droit de préférence, soit un droit égal de contribution sur les objets que les mesures d'exécution devront atteindre. Lorsque l'exécution devra avoir lieu sur les immeubles, le contenu du jugement étranger et la désignation des immeubles sur lesquels celui qui l'a obtenu, se dispose à en poursuivre l'exécution, seront portés à la connaissance du public ; les sujets bavarois qui, à titre d'hypothèque, ou à tout autre titre, auront à réclamer des droits de préférence ou des droits en concurrence sur les mêmes biens, seront sommés [1] de faire valoir ces droits, à peine de déchéance, dans un délai déterminé, devant le tribunal inférieur compétent. — La demande tendant à l'exécution d'un jugement étranger sera présentée à la cour d'appel ; le requérant y joindra l'original ou la copie certifiée du jugement. La cour, après s'être assurée que les conditions ci-dessus ont été remplies et que le jugement a passé en force de chose jugée, chargera le tribunal inférieur de procéder à son exécution. — Les jugements

---

[1] Cette sommation, dit M. de Spiess (Recueil des additions au Code de procédure civile), p. 82, n'est plus nécessaire depuis la publication de la loi sur les hypothèques, en date du 1er juin 1822, § 66. Il suffit de leur donner un avertissement.

rendus à l'étranger, en matière de faillite, n'auront pas d'effet sur la fortune du failli située en Bavière, ni sur les procès déjà pendants devant les tribunaux bavarois, à moins de traités diplomatiques en sens contraire. — L'exécution des jugements étrangers ne pourra jamais avoir lieu, lorsque les États étrangers n'admettent point la réciprocité à l'égard des jugements des tribunaux bavarois. Toutefois nos tribunaux n'exerceront point le droit de rétorsion sans avoir obtenu notre approbation expresse. »

Les mêmes principes se trouvent sanctionnés dans les conventions conclues par la Bavière avec le Wurtemberg, le 7 mai 1821 [1], et avec plusieurs cantons suisses en 1834 [2].

216. Toutefois, quant à la *Bavière rhénane*, où la législation française est encore en vigueur, un arrêté du gouvernement provisoire en date du 4 avril 1815 [3], déclare que les jugements des tribunaux étrangers ne sont pas exécutoires dans cette province.

217. Il résulte de ce qui vient d'être dit, que les tribunaux bavarois n'exécutent pas les jugements rendus en France. Voici deux arrêts qui ont jugé en ce sens et dont les expéditions ont passé sous mes yeux.

« Arrêt de la cour d'appel d'Eichstaedt, du 3 mai 1841. Il est notifié à M. l'avocat Schauss, avoué de

---

[1] On trouve une mention de cette convention dans Martens, Nouveau recueil de traités, t. VI, p. 711. *V.* ci-après, l'article *Wurtemberg*.

[2] V. *infrà*, l'article *Suisse*.

[3] Siebenpfeiffer, Manuel de la constitution..... de la Bavière rhénane (*Handbuch der Verfassung..... Rheinbayerns*), t. III, p. 115.

M. Dumeril, homme de lettres à Paris, qu'il ne peut être fait droit à sa requête du 15 décembre 1840, tendant à l'exécution d'un jugement rendu par le tribunal de commerce de la Seine, contre M. Frédéric Campé, libraire à Nuremberg : attendu que cette exécution, aux termes de l'ordonnance du 2 juin 1811, ne peut avoir lieu qu'à la condition de la réciprocité de la part de la France, et qu'on ne saurait espérer l'accomplissement de cette condition d'après les principes généralement connus du droit français, et d'après l'expérience vérifiée dans des cas semblables. » Le pourvoi formé contre cet arrêt, devant la cour suprême d'appel séant à Munich, a été rejeté le 28 septembre 1841, par les motifs suivants : « L'ordonnance du 2 juin 1811 n'autorise l'exécution, en Bavière, des jugements rendus par les tribunaux étrangers, que sous la condition de la réciprocité. Cette condition n'existe pas de la part de la France, d'après les dispositions expresses de ses lois. En effet, aux termes de l'art. 2123 du Code civil et de l'art. 546 du Code de procédure civile, les jugements rendus en pays étranger ne sont susceptibles d'exécution en France et n'emportent hypothèque qu'autant qu'ils ont été déclarés exécutoires par un tribunal français. Cette déclaration d'exécution ne se borne pas à une simple formalité extrinsèque, ou à l'examen de la question de savoir si, aux termes des lois étrangères, le jugement a passé effectivement en force de chose jugée : il faut un nouvel examen du fond de la cause, à quelle fin le défendeur doit être assigné devant le tribunal français. Sous ce rapport l'ordonnance de 1629, art. 121, a toujours force de loi. Il n'existe point de traité qui ait établi une exception à ce principe en faveur des jugements bavarois. Par suite la cour d'appel a refusé avec raison l'exécution du jugement en question. »

218. La loi du 15 avril 1825 sur l'exécution des jugements porte, § 7 :

« Les jugements passés en force de chose jugée, ren-
» dus par des tribunaux étrangers, seront mis à exécu-
» tion par nos tribunaux, pourvu qu'il ne s'élève aucun
» doute sur la compétence du tribunal étranger dans
» l'espèce dont il s'agit, et pourvu que, dans le terri-
» toire étranger, on admette la réciprocité en faveur
» des jugements würtembergeois. Lorsqu'il y a doute
» sur l'existence de cette seconde condition, le tribunal
» devant lequel on réclame l'exécution du jugement
» étranger, consultera la cour qui lui est immédiatement
» supérieure. »

Le même principe se trouve énoncé dans les conventions conclues par le gouvernement de Würtemberg avec la Bavière, le 31 août 1821 [1], avec le Bade, le 30 décembre 1825 et le 3 janvier 1826 [2], avec Hohenzollern-Siegmaringen, publiée le 28 avril 1827 [3], avec Hohenzollern-Hechingen, publiée le 23 juin 1827 [4]; enfin avec la Suisse, surtout en matière de faillite et de déconfiture (*Concurs*), le 13 mai 1826 [5]. Nous nous bornons à rapporter les passages de la convention conclue avec le Bade qui ont rapport à la matière. On y lit :

---

[1] Bulletin des Lois (*Staats und Regierungsblatt*), 1821, p. 647.
[2] *Ibid.*, 1826, p. 11. Martens, t. VI, p. 854.
[3] Bulletin des lois, 1827, p. 151.
[4] *Ibid.*, 1827, p. 245.
[5] *Ibid.*, 1826, p. 250. V. *infrà* l'article *Suisse*.

« Art. 1er. Chacune des deux parties contractantes re-
» connaît dans son territoire l'autorité de la chose jugée
» et la force exécutoire des sentences judiciaires rendues
» dans l'autre État, pourvu que ces sentences émanent
» de tribunaux reconnus compétents par la présente con-
» vention diplomatique [1].

» Art. 2. Le jugement émané d'un tribunal compé-
» tent et passé en force de chose jugée établit, devant
» les tribunaux de l'autre État, l'exception de la chose
» jugée ; cette exception a les mêmes effets que si le ju-
» gement avait été rendu par un tribunal de l'État dans
» lequel elle est opposée. De même ledit jugement sera
» exécuté sur les biens que la partie condamnée possède
» dans l'autre État, pourvu que :

» 1° Il soit établi, par des attestations juridiques,
» que dans l'État étranger où le jugement a été rendu,
» il n'existe pas de moyens d'exécution, ou que ceux
» qui y existent ne sont ni immédiatement disponibles
» ni suffisants ;

» 2° Qu'il n'ait point été formé des réclamations par
» des sujets du pays ayant un droit égal de concurrence
» ou un droit de préférence sur les objets sur lesquels on
» se dispose à exécuter le jugement étranger.

» En conséquence, lorsque cette exécution devra avoir
» lieu sur des immeubles, le contenu du jugement étran-
» ger et la désignation des immeubles sur lesquels l'exé-
» cution est requise, seront portés à la connaissance du

---

[1] Les art. 6, 12, 13, 14, 15, 16, 17, 18, 19, 20 et 21 reconnaissent le *forum domicilii, concursus creditorum, rei sitæ, hæreditatis,
arresti, contractus, cambii, administrationis, reconventionis, provocationis (ex lege diffamari ou si contendat), interventionis et litispendentiæ.*

» public, et tous les sujets würtembergeois seront som-
» més de faire valoir devant le tribunal compétent, et
» dans un délai fixé à peine de déchéance, les droits
» égaux ou de préférence qu'ils auront à exercer sur
» lesdits immeubles. »

ART. VI. Royaume de Hanovre.

219. Le § 161 du Code de procédure civile pour les tribunaux inférieurs (*Prozess-Ordnung für die Unter-gerichte*)[1] porte : « Le jugement ne peut être mis à exé-
» cution qu'autant qu'il a passé en force de chose jugée,
» à moins que, par exception, dans les cas autorisés
» par la loi, le tribunal n'ait ordonné l'exécution provi-
» soire, nonobstant tout recours formé contre le juge-
» ment. — Il ne sera procédé à l'exécution qu'autant
» qu'elle aura été requise par la partie qui a obtenu le
» jugement; et le tribunal qui l'a rendu est seul com-
» pétent pour en ordonner l'exécution. Cette exécution
» aura lieu sous l'autorité du même tribunal, si les
» biens sur lesquels elle doit s'opérer se trouvent dans
» le ressort de sa juridiction ; dans le cas contraire, ce
» tribunal adressera une commission rogatoire au tri-
» bunal à la juridiction duquel ces mêmes biens sont
» soumis. —Tous les tribunaux du royaume sont tenus
» de se prêter réciproquement assistance pour l'exécu-
» tion des jugements. Ils renverront devant le tribunal
» qui a prononcé, toutes les exceptions proposées par
» la partie qui a succombé, sans suspendre l'exécution :
» excepté dans le seul cas où un mode spécial d'exécution

---

[1] M. Ebhard, Recueil des lois du royaume de Hanovre (*Gesetze, Verordnungen und Ausschreiben für das Kœnigreich Hanover*, etc.), t. II, p. 332 et suiv.

» a été ordonné [1] et qu'il s'élève des contestations sur les
» limites et la forme de cette exécution, auquel cas le
» tribunal requis statuera lui-même. — De même il sera
» déféré, en matière civile, aux commissions rogatoires
» des tribunaux étrangers, lorsque ces derniers offrent
» la réciprocité dans des cas analogues, et qu'ils l'ont
» déjà accordée. »

La législation de ce royaume n'offre point d'autre disposition textuelle sur la matière, et la jurisprudence des
tribunaux s'attache uniquement au principe de la réciprocité. Les tribunaux hanovriens mettent à exécution les jugements rendus en pays étranger, pourvu que
l'offre de la réciprocité soit faite dans la commission
rogatoire délivrée par le tribunal d'où émane le jugement; ils ne discutent pas de nouveau le fond de la
décision : toutefois, ils examinent la compétence du tribunal étranger, et ils statuent sur les exceptions opposées par le débiteur contre le mode ou la forme de l'exécution. Ils ne procèdent pas à cette exécution sur la
simple demande de la partie qui a obtenu le jugement,
mais seulement en vertu de la commission rogatoire [2].

---

[1] Par exemple, lorsque le débiteur a été condamné à livrer un
objet déterminé, ou une certaine quantité de choses fongibles,
comme du blé, ou bien un immeuble, ou enfin de faire ou de ne
pas faire. (§ 166 et suiv. du même Code.)

[2] M. de Spangenberg, dans son Commentaire du code de procédure civile de Hanovre (t. II, p. 277), dans sa nouvelle édition des
développements pratiques (*Practische Eroerterungen*), publiés par
Bulov et Hagemann, vol. 9, p. 504, et dans le Journal du Droit
civil et de la procédure (*Zeitschrift für Civilrecht und Prozess*), publié par MM. de Linde et Marezoll, t. III, cah. 3, p. 428. Une notice
identique nous a été communiquée par M. Ebhard, avocat à Hanovre, auteur de la collection des lois de ce royaume. *V.* aussi
M. Bopp, dans l'ouvrage cité, p. 176.

220. La loi du 4 avril 1805, relative à la rétorsion [1], contient, §§ 1 et 2, les dispositions suivantes : « Il y » aura lieu à rétorsion dans tous les cas où les lois ou » usages d'un État étranger établissent des exceptions » aux lois générales qui régissent les sujets du même » État, au préjudice, soit des étrangers en général, soit » des sujets saxons en particulier, et lorsque ces excep- » tions ont déjà été appliquées contre ces derniers. Dans » le cas où cette loi exceptionnelle n'a pas encore été » appliquée au préjudice des sujets saxons, on doit tou- » tefois user de rétorsion, à moins qu'il ne soit justifié » par une déclaration formelle (*litteræ reversales*) des » autorités supérieures étrangères, que ladite loi ne sera » jamais invoquée à l'avenir au préjudice des sujets » saxons. »

Il résulte de ces dispositions, dit M. Crusius [2], que le refus fait par un État de mettre à exécution les juge- ments rendus en Saxe doit produire, par rétorsion, le même refus de la part des tribunaux saxons d'exécuter les jugements rendus dans l'État dont il s'agit.

La loi du 28 janvier 1835, art. 10, n° 4 [3], porte : « Aucun jugement rendu en pays étranger ne peut être » exécuté sans l'approbation du ministère de la justice.... » ..... à moins de dispositions contraires stipulées par » des traités conclus avec d'autres États. » Cet article

---

[1] Crusius, *ad legem Saxonicam novissimam de finibus juris retor- sionis regundis, commentatio posterior. Lipsiæ*, 1813, in-4°, p. 1. Schaffrath, *Codex Saxonicus*, t. 1, p. 51.

[2] Crusius, *ibid.*, p. 9.

[3] Schaffrath, t. II, p. 732.

oblige les tribunaux à consulter le ministre de la justice avant d'ordonner l'exécution d'un jugement rendu en pays étranger ; du reste il ne déroge pas à la loi de 1805.

Ainsi on s'attachera toujours au principe de la réciprocité.

221. Il existe une convention entre le royaume de Saxe et le duché de Saxe-Altenbourg, en date des 23 mai et 20 juin 1840 [1], qui admet l'exécution réciproque des jugements, pourvu qu'ils aient été rendus par le tribunal compétent. Des dispositions étendues règlent les cas de compétence. On admet réciproquement : 1° le *forum domicilii* du défendeur, de manière que le jugement rendu par le tribunal de ce domicile reçoit son exécution dans le pays du demandeur ; 2° le *forum reconventionis*, pourvu que la reconvention soit connexe à la demande principale, et qu'elle soit admissible d'après les lois de l'État du domicile du demandeur principal ; 3° le *forum provocationis* : le tribunal du domicile du *provocans* est compétent ; 4° le *forum successionis* : c'est au domicile qu'avait le défunt au moment de son décès que peuvent être formées les demandes tendant à faire reconnaître la qualité d'héritier, exécuter ou annuler une disposition de dernière volonté, enfin les demandes en partage ou en garantie des lots ; 5° le *forum concursus* : le tribunal du domicile du débiteur failli ou en déconfiture est seul compétent en ces matières ; 6° le *forum contractus* : le juge du lieu du contrat peut connaître des demandes tendant à l'exécution ou à

---

[1] Schaffrath, t. II, p. 1301. Goeckel, Bulletin des lois (*Gesetzsammlung*) de Saxe-Altenbourg, 1840, p. 77.

l'annulation du contrat, pourvu que le défendeur soit trouvé dans son ressort; 7° le *forum gestæ administrationis*, jusqu'à l'apurement du compte.

Art. VIII. Grand-duché de Saxe-Weimar, duchés de Saxe-Cobourg-Gotha, de Saxe-Meiningen et de Saxe-Altenbourg.

222. Dans ces divers États la législation positive est muette sur la matière : toutefois il résulte des conventions et traités conclus par lesdits États, soit entre eux, soit avec d'autres États, que le principe de la réciprocité est admis dans toute son étendue, et que les tribunaux de chaque État mettent à exécution les jugements rendus par les tribunaux étrangers compétents. Ces conventions sont, dans l'ordre chronologique, celles qui ont été passées : 1° entre Saxe-Weimar et le royaume de Prusse, le 8-25 juin 1824 [1]; 2° entre Saxe-Weimar et Saxe-Altenbourg, le 5-18 août 1831 [2]; 3° entre Saxe-Altenbourg et le royaume de Prusse, le 14 janvier-18 février 1832 [3]; 4° entre Saxe-Weimar et Saxe-Cobourg-Gotha, le 20 mars 1832 [4]; 5° entre Saxe-Weimar et les princes de Reuss, branche cadette, le 20 mars 1832 [5]; 6° entre Saxe-Altenbourg et Saxe-Cobourg, le 24 mars-4 mai 1832; 7° entre Saxe-Altenbourg et les princes de Reuss, branche cadette, le 22 juin-7 août 1832 [6]; 8° en-

---

[1] V. *suprà*, art. *Prusse*. Goeckel, Bulletin des lois de Saxe-Altenbourg, vol. II, part. 2, p. 1351.

[2] Goeckel, part. 3, p. 339.

[3] V. *suprà*, art. *Prusse*. Bulletin des lois de Saxe-Altenbourg, 1832, p. 28.

[4] *Ibid.*, part. 4, p. 11.

[5] *Ibid.*, part. 4, p. 23.

[6] Bulletin des lois de Saxe-Altenbourg, 1832, p. 63.

tre Saxe-Cobourg et le royaume de Prusse, le **23 décembre 1833** [1]; 9° entre Saxe-Altenbourg et le royaume de Saxe, le **23 mars-20 juin 1840** [2].

Art. IX. Grand-duché de Bade.

223. Le Code de procédure civile du grand-duché de Bade contient les dispositions suivantes :

« § 951. L'exécution des jugements rendus par les
» tribunaux étrangers aura lieu conformément aux trai-
» tés diplomatiques existants, ou, à leur défaut, d'après
» les règlements qui seront arrêtés par le gouverne-
» ment, en conformité du principe de la réciprocité.

» § 952. A défaut de traité diplomatique, ou de
» règlements spéciaux, on suivra les distinctions ci-
» après :

» 1° Lorsque le jugement rendu par un tribunal
» étranger, entre des regnicoles du même État, aura
» été adressé à un tribunal badois avec commission ro-
» gatoire tendant à l'exécution de ce jugement, il sera
» mis à exécution après que le défendeur aura été préa-
» lablement entendu, comme s'il émanait d'un tribunal
» badois.

» 2° Lorsque le jugement rendu par un tribunal
» étranger au préjudice d'un Badois, ou d'un étranger
» non sujet de l'État dans lequel le jugement a été pro-
» noncé, aura été adressé à un tribunal badois, avec
» commission rogatoire tendant à exécution, le tribu-
» nal badois le déclarera exécutoire, les parties préala-
» blement appelées, pourvu qu'il lui ait été justifié que,

---

[1] V. *suprà*, art. *Prusse*. Bulletin des lois de Gotha, vol. 2, n° 96, p. 461.

[2] V. *suprà*, art. *royaume de Saxe*.

» d'après les lois badoises, le tribunal étranger était
» compétent et que son jugement a acquis l'autorité de
» la chose jugée.

» 3° Dans ces diverses hypothèses, sur la présentation [1]
» du jugement rendu en pays étranger, soit contre un
» Badois, soit contre un étranger, il sera fait droit à la
» demande tendant à exécution, les parties préalable-
» ment appelées.

» § 953. Lorsque, dans les divers cas indiqués au pa-
» ragraphe précédent, le demandeur est étranger, et
» que le défendeur oppose que l'État étranger ne se
» prête pas réciproquement à l'exécution des jugements
» rendus par les tribunaux badois, le demandeur devra
» justifier au préalable que, dans des cas analogues,
» l'État étranger ordonne également l'exécution des ju-
» gements des tribunaux badois. »

224. Ces dispositions s'appliquent particulièrement
aux jugements rendus par les tribunaux français. Un
arrêt de la cour suprême de justice du grand-duché de
Bade, séant à Manheim, en date du 14 septembre 1838 [2],
dont l'expédition a passé sous nos yeux, fait remarquer
dans ses motifs que, d'après le § 952 du Code badois, l'exécution d'un jugement étranger exige uniquement la réunion de deux conditions, savoir, que le tribunal dont il émane a été compétent, et que le jugement
a passé en force de chose jugée ; tandis que les tribu-

---

[1] Le mot *présentation* est la traduction du mot allemand *Vorlage* :
l'édition officielle, par l'effet d'une erreur typographique, porte le
mot *Verlangen* (requête), qui n'offre point de sens. Cette erreur a
été rectifiée par une publication du ministre de la justice, dans la
feuille officielle de 1835, n° 62.

[2] Affaire Pouget, négociant à Paris, demandeur, contre Char-
lier-Delamartinière, demeurant à Bade, défendeur.

naux français ont le pouvoir d'examiner de nouveau le fond du jugement étranger et de le reviser : de telle manière qu'en dernière analyse les tribunaux français ne déclarent pas exécutoire le jugement étranger, mais qu'ils font exécuter leur propre décision qu'ils substituent à celle du tribunal étranger. D'où la conséquence que les tribunaux français ne se prêtent pas à l'exécution des jugements badois avec la même facilité que le font les tribunaux du grand-duché à l'égard de l'exécution de tous les jugements étrangers. Par ces motifs, la cour a rejeté le pourvoi formé contre l'arrêt de la cour d'appel de Rastadt, confirmatif du jugement du bailliage de Bade, qui avait refusé l'exécution d'un jugement du tribunal de commerce de Paris, en date du 8 thermidor an XII.

Les conventions conclues avec le grand-duché de Hesse, le 5 mai 1813 [1], et avec le royaume de Wurtemberg, le 30 décembre 1825-3 janvier 1826 [2], reposent entièrement sur le principe de la réciprocité. Nous signalerons, à l'article *Suisse*, les traités conclus en 1808, 1820 et 1821, avec la majeure partie des cantons suisses.

Art. X. Électorat de Hesse.

225. Aux termes d'une ordonnance de l'Électeur, en date du 25 avril 1826, les commissions rogatoires des tribunaux étrangers tendant à l'exécution de leurs jugements, seront soumises à la cour supérieure, et les jugements étrangers seront exécutés de la même manière que ceux des tribunaux hessois, sous la seule con-

---

[1] V. *infrà*, article *Grand-duché de Hesse.*
[2] V. *suprà*, article *Wurtemberg.*

dition de la réciprocité [1]. Voici le texte de cette ordonnance [2] :

§ 1. « Les cours et tribunaux de nos États continue-
» ront, dans les limites de leur compétence, à déférer,
» comme par le passé, aux commissions rogatoires des
» autorités judiciaires étrangères, conformément au
» principe d'une complète réciprocité, en tant qu'il n'en
» a pas été disposé autrement par la présente ordon-
» nance. »

§ 2. (Ce paragraphe est relatif aux simples significations d'exploits, requises par les tribunaux étrangers.)

« § 3. L'exécution des jugements des tribunaux étran-
» gers, en matière civile, passés en force de chose ju-
» gée ou rendus en dernier ressort, sera ordonnée, en
» vertu de la commission rogatoire, qui devra toujours
» être adressée à la cour supérieure du ressort, sur les
» biens des sujets hessois qui se trouvent dans l'Élec-
» torat, comme si ces jugements avaient été rendus par
» un tribunal de nos États, excepté dans les cas sui-
» vants : — 1° Lorsque, dans le pays étranger dont il
» s'agit, on n'a pas encore, en règle générale, admis
» l'exécution des jugements rendus en matière civile par
» les tribunaux hessois : ce qui est le cas en France,
» dans le grand-duché de Bade [3], et dans d'autres pays
» qui suivent encore les principes du droit civil français
» sur ce point. — 2° Lorsque, d'après les règles recon-
» nues dans l'Électorat, la compétence du tribunal étran-

---

[1] Archives de la jurisprudence en matière civile, etc., t. XIV,
p. 88.
[2] Bulletin des lois (*Sammlung von Gesetzen*) , 1826 , mars.
[3] Il ne faut pas oublier que cette ordonnance est antérieure au
code badois , qui a introduit des dispositions nouvelles.

» ger ne paraît nullement fondée, par exemple, lorsque
» le demandeur n'a point fait assigner le défendeur de-
» vant le tribunal du domicile de ce dernier, ou lorsque,
» dans le pays étranger, le tribunal du lieu où le con-
» trat a été passé, ou du lieu où son exécution a été
» convenue, est considéré comme compétent, bien que
» le contractant défendeur ne réside pas dans ledit lieu
» au moment où la demande a été formée, ou qu'il n'y
» possède pas de fortune. — 3° Lorsque les dispositions
» de ce jugement se trouvent en opposition aux lois hes-
» soises relatives aux droits réels, ou à l'état et à la ca-
» pacité des personnes. — 4° Lorsqu'elles étendent la
» compétence générale du tribunal étranger en matière
» de faillite ou de déconfiture (*Concurs* de créanciers) [1],
» soit sur la fortune d'un sujet hessois qui se trouve
» dans l'Électorat, soit sur les procès déjà pendants de-
» vant nos tribunaux. Ces quatre exceptions ne seront
» pas applicables quand un traité d'État à État en aura
» disposé autrement, ou qu'il aura été ordonné ainsi
» par voie de réciprocité. Un exemple de cette dernière
» hypothèse se trouve dans l'ordonnance du 6 février
» 1821, relative aux princes médiatisés ayant un double
» domicile, l'un dans l'Électorat, l'autre dans le grand-
» duché de Hesse.

» § 4. En ce qui concerne l'exécution des jugements
» rendus par un tribunal étranger compétent, contre
» un regnicole du même État qui réside momentané-
» ment dans l'Électorat, il sera déféré à la commission
» rogatoire délivrée par ledit tribunal, même dans l'hy-
» pothèse du n° 1 du § 3, ou lorsque la disposition du

---

[1] Ce terme comprend la procédure en matière de faillite comme
en matière de déconfiture.

» jugement est contraire aux lois de l'Électorat relatives
» à la capacité des personnes, ou, enfin, lorsque le ju-
» gement offre une extension de la compétence du tri-
» bunal du *Concurs*, sans préjudice, toutefois, de l'in-
» térêt des regnicoles.

» § 5. Dans l'exécution des jugements étrangers, en
» vertu des §§ 3 et 4 ci-dessus, les tribunaux hessois
» suivront les prescriptions de nos lois relatives à la
» forme à observer en matière d'exécution. En consé-
» quence, ils n'accorderont aucun effet aux dispositions
» desdits jugements qui statueraient sur la forme de
» procéder, à moins d'une exception établie par un traité
» ou par une loi spéciale. »

§ 6. (Ce paragraphe est relatif à l'instruction et aux
jugements en matière criminelle.)

ART. XI. Grand-duché de Hesse.

226. Ce grand-duché se trouve partagé en deux parties sous le rapport législatif, comme les royaumes de
Prusse et de Bavière. La partie située sur la rive droite
du Rhin est régie par les principes du droit allemand ; la
province située sur la rive gauche du même fleuve a
conservé la législation française.

227. En matière d'exécution de jugements rendus en
pays étranger, le principe de la réciprocité est admis
dans la partie du grand-duché qui se trouve située sur
la rive droite du Rhin. Cet état du droit est constaté,
entre autres, par l'ordonnance du grand-duc, en date
du 30 juin 1813, portant publication de la convention
conclue entre les gouvernements de Hesse et de Bade,
le 5 mai 1813 [1]. Cette convention a pour objet la déter-

---

[1] Feuille officielle (*Regierungsblatt*) de Bade, 1813, n° 17.

mination du tribunal compétent pour statuer sur les causes concernant les princes médiatisés et les seigneurs fonciers propriétaires dans les deux États, ainsi que l'exécution des jugements rendus par tous les tribunaux des deux États. « Il a été résolu, porte l'ordonnance grand-
» ducale, qu'en général les jugements rendus par les
» tribunaux badois recevront dans le grand-duché de
» Hesse, contre toutes personnes, la même exécution
» qui est due aux jugements rendus dans ce pays, aussi
» longtemps qu'on continuera en Bade à suivre par ré-
» ciprocité cette règle de bon voisinage ; en conséquence,
» il ne sera reçu, dans la procédure d'exécution (*sive*
» *processu executionis*), aucune exception autre que
» celles qui sont admises par nos lois contre les juge-
» ments rendus dans le grand-duché. »

Une ordonnance grand-ducale, du 21 juin 1817, sur l'administration de la justice[1], contient, § 19, la disposition suivante : « Des effets des jugements rendus à
» l'étranger, dans les provinces de Starkenbourg et de
» la Hesse supérieure[2]. Plusieurs États n'admettant pas
» l'exécution des jugements rendus en pays étranger,
» nous avons ordonné à nos tribunaux, dès l'année 1808,
» d'observer, à l'égard des jugements rendus par les tri-
» bunaux français, les mêmes principes qui sont établis
» en France en matière de jugements rendus à l'étranger :
» il est ordonné par ces présentes qu'en général, lorsque

Kluber, Droit public, § 59, note *c*. M. Bopp, supplément au Code de procédure civile hessois de 1724, et au Code d'instruction criminelle de 1726 (*Nachtraege*, etc.), p. 165.

[1] M. Bopp, *ibid.*, p. 159.

[2] Ces deux provinces composent la partie du grand-duché de Hesse, qui est située sur la rive droite du Rhin.

» dans un État étranger les jugements rendus par les
» tribunaux du grand-duché ne sont pas considérés
» comme ayant force de chose jugée et ne sont pas sus-
» ceptibles d'exécution , ou qu'ils n'obtiennent force et
» exécution que sous des conditions, les jugements
» rendus dans le même État ne seront également pas
» considérés comme ayant force de chose jugée, et ne se-
» ront pas susceptibles d'exécution dans le grand-duché ,
» ou bien ils ne le seront que sous les mêmes conditions.»
Cette disposition a été développée et appliquée dans les
termes suivants par une circulaire de la cour d'appel
(*Hofgericht*) de la province de Starkenbourg (chef-lieu
Darmstadt), en date du 21 juillet même année et ainsi
conçue [1] : « En conformité du § 19 de l'ordonnance du
» 21 juin , il a été ordonné par le gouvernement qu'à
» l'occasion de toute assignation donnée ou de jugements
» rendus dans les États où un jugement hessois ne reçoit
» pas son exécution comme émanant de juges étrangers,
» et dans lesquels , par suite, on n'a pas égard à la litis-
» pendance dans le grand-duché , il sera toujours déclaré
» aux sujets hessois à qui ces significations sont desti-
» nées , qu'ils sont libres de se conformer ou non aux-
» dites assignations ou jugements. Nous sommes chargés
» de faire connaître les dispositions qui précèdent , à
» tous les tribunaux inférieurs, afin qu'ils aient à s'y
» conformer, et nous ajoutons que ces dispositions s'é-
» tendent sur la France, les Pays-Bas , les pays allemands
» situés sur la rive gauche du Rhin , les possessions prus-
» siennes situées sur la rive droite du même fleuve ayant
» autrefois fait partie de la France , du royaume de
» Westphalie ou du grand-duché de Berg qui suivent

---

[1] M. Bopp, *ibid.*, p. 160 et suiv.

» encore le droit français ; enfin les provinces bavaroises
» situées sur la rive droite, conformément aux ordon-
» nances royales des 9 octobre 1807 et 2 juin 1811[1]. »

228. Relativement à la partie du grand-duché de
Hesse située sur la rive gauche du Rhin (Hesse rhénane), l'ordonnance du 21 juin 1817 contient, § 15 ,
les dispositions suivantes :

« En règle générale, les jugements rendus en pays
» étranger ne passent point en force de chose jugée
» et ne peuvent pas être exécutés dans nos posses-
» sions situées sur la rive gauche du Rhin ; on ne peut
» non plus acquérir un droit d'hypothèque judiciaire
» par l'inscription de ces jugements aux registres des
» hypothèques.

» Les jugements rendus en pays étranger, entre deux
» étrangers ou entre des regnicoles et des étrangers ,
» dans les territoires où le principe de l'art. 14 du Code
» civil français, principe que nous ne maintenons que
» par mesure de rétorsion, n'est pas en vigueur,— seront
» déclarés exécutoires après citation directe , sans pré-
» liminaire de conciliation , et sans que le défendeur soit
» admis à discuter de nouveau le fond ; et ensuite on
» pourra acquérir un droit d'hypothèque judiciaire par
» l'inscription de ces jugements aux registres hypothé-
» caires. »

Conformément à cette loi, la cour de cassation de
Darmstadt a décidé, par arrêt du 5 avril 1827[2], que le
jugement rendu à l'étranger, entre deux étrangers, peut
être déclaré exécutoire, lors même que, étant rendu par

---

[1] *V. suprà*, article *Bavière*.

[2] Archives des tribunaux de la Hesse rhénane (*Archiv der rhein-
hessischen Gerichte*), t. I, p. 1. M. Bopp, *ibid.*, p. 157.

défaut, il se trouve réputé non avenu (Art. 156 du Code de procédure civile); et que., lorsqu'il s'agit d'un jugement rendu par un tribunal de commerce étranger, l'exécution doit être ordonnée par le tribunal de commerce hessois.

Suivant un autre arrêt de la même cour, en date du 14 août 1828[1], le jugement rendu à l'étranger qui valide une saisie-arrêt formée entre les mains d'un Hessois, au préjudice d'un étranger, ne saurait être déclaré exécutoire dans le grand-duché, attendu que ce jugement est nul, la demande en validité de la saisie-arrêt devant être suivie devant les tribunaux hessois.

Enfin, un arrêt de la même cour, du 2 novembre 1830[2], a décidé que l'ordonnance du 21 juin 1817 embrasse également les jugements étrangers portant homologation d'un concordat, et que ces jugements doivent être déclarés exécutoires contre le créancier hessois, quoiqu'il ne se soit pas présenté devant le tribunal de la faillite, et quoique même, avant la faillite, une instance ait été pendante, au sujet de la créance, entre les parties, devant un tribunal hessois. La demande tendant à l'exécution dudit jugement peut être portée devant le tribunal de commerce ou devant le tribunal de première instance, au choix du demandeur.

Nous avons rapporté, *suprà*, n° 213, les dispositions d'une convention conclue entre la Prusse et le grand-duché de Hesse, relative à l'exécution réciproque des arrêts et jugements rendus dans les provinces rhénanes des deux États.

229. En ce qui concerne l'exécution, dans l'une des

---

[1] Archives des tribunaux de la Hesse rhénane, t. I, p. 15.
[2] *Ibid.*, t. III, p. 40.

parties du grand-duché, des jugements rendus dans l'autre, les §§ 7, 8 et 9 de l'ordonnance du 21 juin 1817 renferment les dispositions suivantes : « § 7. A l'avenir, » les jugements rendus par les tribunaux des diverses » parties du grand-duché auront force de chose jugée et » seront exécutoires dans toute l'étendue du grand-duché. » — § 8. Les jugements rendus dans la partie située sur la » rive droite du Rhin, seront, après avoir été enregis- » trés, déclarés exécutoires par le président du tribunal » de première instance de Mayence, qui n'admettra au- » cune discussion préalable. — § 9. ... La partie qui » réclamera, devant les tribunaux de la rive droite, » l'exécution d'un jugement rendu sur la rive gauche, » présentera requête au juge compétent du domicile de » la partie condamnée : il ne sera admis aucune discus- » sion préalable sur la force exécutoire du jugement en » thèse générale : le juge procédera dans les voies de » droit, conformément aux dispositions législatives » concernant les jugements rendus sur cette rive du » Rhin'. »

Art. XII. Grands-duchés de Mecklenbourg-Schwerin et de Mecklenbourg-Strelitz [2].

230. Il n'existe aucune loi positive concernant l'exé-cution des jugements rendus en pays étranger, et les deux gouvernements n'ont pas conclu de traités avec

---

[1] M. Bopp, p. 152 et 153.

[2] M. le baron d'Oerthling, ministre de S. A. R. le grand-duc de Mecklenbourg-Schwerin près S. M. le roi des Français, a bien voulu, sur notre demande, réclamer de son gouvernement des renseignements relatifs à la législation mecklenbourgeoise sur la matière, et c'est dans ces renseignements qu'a été puisé l'exposé que nous mettons sous les yeux des lecteurs.

d'autres États sur cette matière. La jurisprudence des tribunaux a consacré le principe de la réciprocité, en se conformant à l'opinion du célèbre jurisconsulte Mevius, Mecklenbourgeois d'origine[1].

En conséquence, sur la présentation d'une commission rogatoire délivrée par un tribunal étranger et tendant à faire mettre à exécution un jugement rendu en pays étranger, les tribunaux mecklenbourgeois exigent d'abord la preuve de la réciprocité, à moins que cette réciprocité ne soit notoire. Du moment qu'il n'y a pas de doute sur l'existence de cette condition, les tribunaux des deux grands-duchés regardent les jugements étrangers comme *res judicata*; ils les font mettre à exécution, sans entrer dans l'examen du fond de la décision, et sans distinguer si ces jugements sont rendus au préjudice d'un Mecklenbourgeois ou d'un étranger. La partie qui a succombé à l'étranger n'est point reçue à proposer, contre le fond de la décision, des exceptions ou moyens de défense qui ont été expressément rejetés par le jugement, ou que la partie a négligé de faire valoir dans la procédure. La partie contre laquelle l'exécution est requise, peut seulement opposer les exceptions et moyens de défense qui sont admissibles même dans la procédure d'exécution; par exemple, la preuve que le payement a été effectué depuis le jugement.

231. D'un autre côté, les tribunaux mecklenbourgeois tiennent la main à l'observation des règles ci-après indiquées, fondées sur le principe de l'indépendance des États :

Ils n'admettent aucun mode d'exécution non reconnu par les lois des deux grands-duchés; ainsi, ils n'autori-

---

[1] *Decisiones*, part. 7, *Decis.* 87.

4

sent pas l'exercice de la contrainte par corps , même en matière de lettre de change.

Il faut que le droit sanctionné par le jugement ne se trouve pas en opposition avec les lois prohibitives en vigueur dans le Mecklenbourg , et que le jugement n'ait pas contrevenu aux règles de compétence consacrées par la même législation ; en d'autres termes , un jugement qui aurait empiété sur la compétence des tribunaux mecklenbourgeois ne serait pas mis à exécution. Si celui contre lequel l'exécution est requise, soutient que, d'après les lois des deux grands-duchés , un tribunal étranger n'a pu connaître de la cause , cette question sera jugée d'après les lois mecklenbourgeoises , attendu que les tribunaux ne sauraient attribuer force et vigueur à une sentence rendue en contravention aux lois auxquelles les parties ne sont pas libres de déroger[1]. Par contre, les tribunaux mecklenbourgeois ne statueront pas sur la prétention du défendeur qui contesterait la compétence du tribunal étranger d'où émane le jugement, en soutenant qu'un autre tribunal étranger était seul compétent.

On n'applique pas les lois mecklenbourgeoises à la décision de la question de savoir si le jugement a passé en force de chose jugée , et si , de sa nature , il est susceptible de recevoir une exécution. On n'exige pas non

---

[1] Ainsi , on ne mettrait pas à exécution un jugement rendu en France, au préjudice d'un sujet mecklenbourgeois ou autre, soit par application de l'art. 14 du Code civil , soit parce que le défendeur aurait consenti à se faire juger par les tribunaux français, dans une matière où la législation des deux grands-duchés ne reconnaît pas leur compétence ; par exemple, s'il s'agissait du partage de la succession d'un sujet mecklenbourgeois décédé en France.

plus [1] la preuve que dans l'État où le jugement a été
rendu, le poursuivant ne trouve pas des moyens d'exécution suffisants, ou que les créanciers regnicoles ont
été sommés de faire valoir les droits qu'ils auraient à opposer à l'exécution.

Art. XIII. Grand-duché d'Oldenbourg [2].

232. Il n'existe aucune loi positive sur la matière ;
la jurisprudence des tribunaux oldenbourgeois ne fournit pas de précédents bien établis, car il est très-rare
que l'on porte devant eux des demandes à fin d'exécution
des jugements rendus en pays étranger. Il n'existe d'ailleurs aucun traité diplomatique concernant la matière.
Les jurisconsultes admettent en principe l'exécution
des jugements étrangers passés en force de chose jugée,
à moins qu'il ne s'élève des doutes, soit sur l'exécution
réciproque des jugements oldenbourgeois dans l'État
d'où émane le jugement dont il s'agit, soit sur la compétence du tribunal qui a rendu ce jugement. On présume la réciprocité de la part des États composant la
confédération germanique, par suite des rapports d'u-
nité qui existaient entre eux avant la dissolution de
l'empire, et jusqu'à preuve contraire. Quant aux jugements rendus dans d'autres États, il dépend des tribunaux oldenbourgeois d'exiger qu'on justifie de la
réciprocité, ou bien de se contenter de la simple affir-
mation de ce fait.

233. L'exécution est prononcée, soit au vœu d'une

---

[1] Comme, par exemple, en Bavière et en Wurtemberg. V. *supra*,
n°s 215 et 218.

[2] Communication de M. Hoffmann, avocat à la cour supérieure
de justice à Oldenbourg.

commission rogatoire délivrée par le tribunal qui a rendu le jugement, soit à la suite d'une action portée à cette fin devant les tribunaux oldenbourgeois.

234. Du reste, on doit observer les principes admis par le droit commun allemand.

Art. XIV. Duché de Brunswick.

235. L'article 210 de la constitution de ce duché, en date du 12 octobre 1832, est ainsi conçu : « Dans les » procès civils il sera accordé aux tribunaux des États » étrangers toute *assistance* légale, à moins que lesdits » États ne refusent cette même assistance aux tribunaux » du duché. En cas d'assistance réciproque, les tribu- » naux mettront à exécution les jugements rendus par » les tribunaux étrangers et passés en force de chose » jugée, lorsque, dans l'espèce, la compétence desdits » tribunaux sera incontestable. »

Art. XV. Duché de Nassau.

236. Une ordonnance ducale, en date du 5 mai 1841 [1], établit les règles générales sur l'exécution des jugements, parmi lesquelles se trouve (§ 3) celle que l'exécution des jugements ne sera pas ordonnée par suite d'une commission rogatoire, mais seulement en vertu d'une demande (*actio judicati*) formée devant le bailliage du domicile de la partie condamnée ou de la situation des objets sur lesquels l'exécution devra avoir lieu [2]. Le § 15 de cette ordonnance est ainsi conçu :

---

[1] Bulletin des ordonnances (*Verordnungsblatt*), 1841, n° 4.

[2] Antérieurement à cette ordonnance, cette règle avait déjà été consacrée par la jurisprudence des tribunaux. M. Bender, Manuel

« Les jugements des tribunaux étrangers seront mis à
» exécution conformément aux prescriptions de la pré-
» sente ordonnance, à moins qu'il n'ait été autrement
» ordonné par une disposition spéciale concernant l'É-
» tat d'où ils émanent. — Toutefois, lorsque le tri-
» bunal étranger s'est déclaré compétent dans une hy-
» pothèse dans laquelle les lois du duché n'autorisent
» point les tribunaux à juger contre un étranger, la
» partie contre laquelle l'exécution est poursuivie peut
» opposer l'exception de nullité pour cause d'incompé-
» tence et la faire valoir devant le tribunal saisi de la
» demande à fin d'exécution. Cette exception est non
» recevable lorsque le défendeur a fourni, devant le
» tribunal étranger, des défenses expresses au fond,
» sans opposer l'incompétence (s'il a consenti à la pro-
» rogation de la juridiction). »

Avant cette ordonnance, les tribunaux du duché pre-
naient pour base le principe de la réciprocité, aux
termes d'un rescrit ministériel du 16 juillet 1818 [1]. Les
jurisconsultes de ce pays pensent que l'ordonnance du
5 mai 1841 s'exécute conformément au même principe,
et qu'elle n'a pas pour but d'autoriser l'exécution des
jugements rendus dans tous les États étrangers à l'égard
desquels la législation du duché n'offrirait pas une pro-
hibition formelle.

---

du droit privé de la ville libre de Francfort (*Lehrbuch des Privatrechts der freien Stadt Francfurt*), t. II, p. 330, à la note.

[1] Ce rescrit a été publié dans le Recueil de décisions remarqua-
bles de la cour suprême d'appel du duché de Nassau (*Sammlung
der merkwürdigeren Entscheidungen*, etc.), par feu Van der Nahmer,
t. II, p. 392, et par M. Bopp, dans l'ouvrage déjà cité, p. 166 et suiv.

Art. XVI. Duchés d'Anhalt-Dessau, d'Anhalt-Bernbourg et d'Anhalt-Coethen.

237. La matière est régie par le principe de la réciprocité. Voir la convention conclue entre Anhalt-Bernbourg et la Prusse, le 9 septembre 1840, dont il a été fait mention à l'article III.

Art. XVII. Principautés de Schwarzbourg-Rudolstadt et Schwarzbourg-Sondershausen.

238. La matière est régie par le principe de la réciprocité, ainsi qu'il résulte de la convention passée entre Schwarzbourg-Rudolstadt et la Prusse, dont nous avons fait mention à l'article III.

Art. XVIII. Principautés de Hohenzollern-Hechingen et Hohenzollern-Siegmaringen.

239. Le principe de la réciprocité régit la matière, ainsi qu'il résulte des conventions conclues entre ces principautés et le royaume de Wurtemberg (V. *suprà*, art. V). La jurisprudence des tribunaux des deux principautés applique aux jugements rendus dans d'autres pays les règles qui ressortent des traités ci-dessus mentionnés avec le Wurtemberg.

Art. XIX. Principautés de Reuss, branche cadette (Reuss-Gera, Reuss-Schleitz et Reuss-Lobenstein).

240. Les seuls documents connus sont les conventions avec Saxe-Weimar et Saxe-Altenbourg et avec la Prusse, citées aux articles III et VIII ; ils adoptent pour base la réciprocité. Il existe une cour d'appel commune à tous les tribunaux des trois principautés [1].

---

[1] Communication de M. le conseiller Buddeus, à Leipzig.

Art. XX. Principauté de Reuss, branche aînée (Reuss-Greitz).

241. Il n'existe ni loi ni traité sur la matière ; mais il est admis que le principe de la réciprocité régit les questions d'exécution des jugements étrangers [1].

Art. XXI. Ville libre de Francfort.

242. Une jurisprudence constante a établi que les jugements rendus par les tribunaux étrangers, et passés en force de chose jugée, sont déclarés exécutoires lorsqu'il existe des traités diplomatiques sur la matière, ou en cas de réciprocité non contestée, pourvu que lesdits jugements ne renferment rien de contraire aux prérogatives des bourgeois de la ville de Francfort. L'*exequatur* n'est accordé qu'à la suite d'une commission rogatoire délivrée par le tribunal qui a rendu le jugement, et non pas sur la simple réquisition de la partie qui l'a obtenu [2].

243. En ce qui concerne particulièrement l'exécution des jugements rendus par les tribunaux français, un arrêt de la cour suprême d'appel des villes libres d'Allemagne, séant à Lubeck, en date du 31 janvier 1825 [3], a approuvé le refus fait par les tribunaux de Francfort de mettre à exécution un jugement du tribunal de commerce de Paris, au profit d'un Français contre un sujet hanovrien résidant pour le moment à Francfort. On lit dans les motifs de cet arrêt : « Les conclusions des de-

---

[1] Communication de M. le conseiller Buddeus, à Leipzig.

[2] Manuel du droit privé de la ville libre de Francfort (*Lehrbuch des Privatrechts der freien Stadt Francfurt*), par M. Bender, ancien avocat, t. II, p. 329 et suiv.

[3] Affaire de la maison veuve Fabien Mielle et compagnie, à Paris, contre Philippe Abraham Cohen.

» mandeurs, tendant à l'exécution immédiate du juge-
» ment du tribunal de Paris, ne sauraient être accueil-
» lies....., le défendeur étant en droit de réclamer une
» nouvelle discussion et un nouvel examen de la cause.
» En France, il est de règle que les tribunaux ne re-
» gardent pas comme exécutoires les jugements rendus
» en pays étrangers, et qu'ils ne font pas droit aux con-
» clusions tendant à l'exécution de ces jugements (Code
» Napoléon, art. 2123; Code de procédure civile, art. 546;
» Merlin, Questions de droit, v° Jugement, § 14; Ré-
» pertoire, même mot, § 6); du moins il résulte du ju-
» gement du tribunal de première instance de la Seine,
» du mois de mars 1824, produit devant la cour[1], qu'en
» France on n'est pas d'accord sur la question de savoir
» s'il y a lieu de déclarer exécutoire un jugement rendu
» à l'étranger au préjudice d'un individu non français;
» dès lors il est douteux que les tribunaux allemands
» puissent recevoir l'*actio judicati* fondée sur un juge-
» ment français, ou s'ils ne doivent pas appliquer la
» maxime de la réciprocité. »

Aʀт. XXII. Ville libre de Hambourg[2].

244. Il n'existe ni loi positive sur la matière, ni traités conclus avec d'autres États. La jurisprudence des
tribunaux a consacré les règles ci-après énoncées.

---

[1] C'est probablement le jugement rendu dans la cause Stacpoole, dont nous ferons mention à l'article *France*.

[2] Nous devons la communication des renseignements relatifs aux villes libres de Hambourg, de Brême et de Lubeck, à l'obligeante intervention de M. Rumpf, ministre des villes libres d'Allemagne près S. M. le roi des Français. Il a bien voulu les réclamer de MM. les bourgmestres de ces trois villes, qui se sont empressés de les lui transmettre.

Lorsqu'un tribunal étranger adresse une commission rogatoire aux autorités de Hambourg , à l'effet de faire mettre à exécution un jugement par lui rendu , le tribunal de Hambourg suppose , jusqu'à preuve contraire, l'existence de la réciprocité, sans exiger une justification à ce sujet ; d'une part, on présume que les tribunaux d'un État qui n'admet pas l'exécution des jugements rendus en pays étranger, ne s'aviseront pas de délivrer une commission rogatoire aux mêmes fins ; d'autre part, le tribunal étranger ne manquera jamais d'ajouter la clause de l'*assertio reciproci*. L'examen du tribunal hambourgeois se borne aux trois questions suivantes : 1° celle de la compétence du juge dont la sentence est l'œuvre ; 2° celle de savoir si la partie qui a succombé a été régulièrement assignée ; et 3° si elle a été entendue dans ses exceptions et moyens de défense. Lorsqu'il ne s'élève aucun doute sur l'affirmative de ces trois questions, l'exécution est ordonnée immédiatement , sans entrer dans l'examen du fond de la décision, et sans distinguer si la partie condamnée est un sujet hambourgeois ou un étranger résidant momentanément sur le territoire. Le seul cas où , dans l'hypothèse indiquée , les tribunaux hambourgeois refusent l'exécution du jugement étranger, c'est lorsqu'il se trouve en opposition avec l'ordre public ou avec la constitution de cette république.

Si, dans l'esprit des juges , il s'élève des doutes sur la réponse affirmative à l'une ou l'autre des trois questions mentionnées ci-dessus , il y a lieu à ouvrir des débats, soit en recevant, sur le procès-verbal, la déclaration de la partie contre laquelle le jugement a été rendu , soit en permettant à cette partie de présenter un mémoire ; et si les moyens invoqués par elle ne paraissent pas en-

tièrement dénués de fondement, le tribunal hambourgeois les communique au tribunal étranger, en lui demandant des explications.

245. La compétence des tribunaux étrangers est appréciée suivant les règles de la procédure du droit commun allemand, à moins que la partie qui a succombé ne
puisse être regardée comme ayant été soumise à une
autre loi de procédure, auquel cas on appliquera cette
dernière loi. Dans la plupart des cas, l'instance portée
devant un tribunal étranger contre un individu domicilié ou résidant à Hambourg, commence par une commission rogatoire dudit tribunal adressée au tribunal de
Hambourg, à l'effet de faire notifier une citation au défendeur. Dans cette hypothèse, la question de la compétence du tribunal étranger se présente dès l'entrée de
la cause ; et, si les tribunaux hambourgeois ne reconnaissent pas cette compétence, ils refusent d'ordonner
la notification de la citation, auquel cas, par suite, les
tribunaux hambourgeois refuseront également l'exécution du jugement qui interviendra.

246. Du reste, il est loisible à la partie qui a obtenu
à l'étranger un jugement passé en force de chose jugée,
de former devant les tribunaux de cette ville une *actio
judicati*, pourvu que ces tribunaux soient compétents,
tant à l'égard de la personne du défendeur qu'à l'égard
de l'objet du litige. Dans ce cas, les tribunaux de la ville
examinent si la réciprocité existe, si le tribunal étranger
était compétent, et s'il a été légalement procédé. Lorsqu'il ne s'élève aucun doute sur ces trois points, l'exécution est ordonnée sans révision préalable du fond de la
décision.

ART. XXIII. Ville libre de Brême [1].

247. Il n'existe ni loi positive sur la matière, ni traités conclus avec d'autres États.

On s'attache généralement au principe de la réciprocité ; mais on exige en outre que le tribunal qui a prononcé ait été compétent d'après les règles générales de la procédure, et non pas seulement par suite d'une exception exorbitante dont l'article 14 du Code civil français offre un exemple. S'il ne s'élève aucun doute sur l'existence de ces deux conditions, les tribunaux brémois ordonnent l'exécution du jugement étranger, sans entrer dans l'examen du fond de la décision. Ils accueillent seulement les exceptions relatives au mode et aux formes de l'exécution.

248. On ne connaît aucune espèce dans laquelle les parties aient discuté la question de savoir s'il y a lieu d'établir une distinction entre le cas où le jugement étranger a été rendu contre un citoyen de Brême ou contre un étranger résidant dans le territoire de la ville. D'ordinaire l'exécution du jugement étranger est demandée par la voie d'une commission rogatoire délivrée par le tribunal qui a prononcé, et adressée au tribunal de Brême : toutefois, l'*actio judicati* formée par la partie elle-même serait également reçue.

249. C'est ici le lieu de faire mention d'une ordonnance du sénat de Brême, publiée le 14 avril 1817. Aux termes de cette ordonnance, les états de frais dûment taxés, et dont le montant est dû par des habitants de Brême à des avoués qui avaient été chargés d'occuper pour eux devant les tribunaux étrangers, seront, en

---

[1] *V.* l'observation relative à la ville libre de Hambourg.

vertu des commissions rogatoires, délivrés par ces derniers, déclarés exécutoires par les tribunaux de Brême,
et ils seront mis à exécution par toutes les voies de droit,
à moins que les prétendus débiteurs ne fassent valoir
leurs exceptions et moyens de défense devant le tribunal d'où émane la commission rogatoire. » Cette ordonnance ne saurait être regardée comme établissant le
principe que les tribunaux de Brême mettent à exécution tous les jugements rendus à l'étranger ; elle ne fait
qu'autoriser une procédure sommaire dans l'action *ex
mandato* formée par l'avoué contre son client.

Art. XXIV. Ville libre de Lubeck [1].

250. Cette ville ne possède aucune loi positive sur la
matière, et elle n'a non plus conclu aucun traité à ce
sujet avec d'autres États. Seulement, en 1817, le gouvernement du grand-duché de Hesse ayant communi-
qué aux autorités de la ville les §§ 15 et 19 de l'ordonnance du 21 juin 1817 [2], avec invitation d'admettre,
par forme de réciprocité, le principe consacré par ces
dispositions, cette offre a été acceptée par une correspondance diplomatique.

Les jugements rendus en pays étrangers sont regardés
comme *res judicata*, et l'exécution en est ordonnée sans
examen préalable du mérite de la décision, pourvu
toutefois que, dans l'État où le jugement a été rendu,
on défère également aux commissions rogatoires des
tribunaux lubeckois tendant à l'exécution de leurs jugements. Dans le cas contraire, ces tribunaux refuseraient

---

[1] *V*. l'observation relative à la ville libre de Hambourg.
[2] *V. suprà*, l'article *Grand-duché de Hesse*.

leur assistance légale aux tribunaux de l'État dont il s'agit.

Il faut, en outre, que le jugement ait été rendu par le tribunal compétent, qu'il soit représenté en forme probante, et qu'il ait acquis force de chose jugée : le recours pris contre ce jugement devant un tribunal supérieur est regardé comme suspensif.

Lorsque ces diverses conditions se trouvent réunies, les tribunaux de Lubeck ne procèdent pas à la révision du jugement, et ils n'admettent pas la partie qui a succombé à l'étranger à faire valoir de nouveau toutes ses exceptions et tous ses moyens de défense. Ils accueillent seulement les exceptions qui, d'après le droit commun de l'Allemagne ou d'après la législation spéciale de la ville, peuvent également être opposées à l'exécution de jugements rendus dans le territoire ; de ce nombre sont l'exception tirée de l'extinction récente de la dette par des faits dont la preuve est palpable, tels que la compensation et le payement ; l'exception tirée d'une nullité qui peut être prouvée immédiatement, ou de la circonstance que le jugement n'a pas passé en force de chose jugée : une intervention, des saisies-arrêts formées par des tiers, enfin la déclaration de faillite ou de déconfiture prononcée contre le débiteur.

251. On ne distingue pas entre les jugements rendus à l'étranger, en matière civile, au préjudice d'un citoyen de Lubeck, ou au préjudice d'un étranger.

252. Il suffit que l'exécution du jugement étranger soit réclamée par une commission rogatoire émanée du tribunal qui l'a prononcée ; les tribunaux lubeckois n'exigent point une demande expresse, formée à cette fin par la partie qui a obtenu gain de cause à l'étranger.

Art. XXV. Suisse.

253. Nous ferons connaître d'abord la législation ou la jurisprudence de chacun des principaux cantons; ensuite nous ferons mention des traités diplomatiques intervenus sur la matière.

La législation et la jurisprudence ne sont pas les mêmes dans les cantons allemands et dans les cantons français de Vaud et de Genève.

254. Les renseignements qui nous ont été transmis par des jurisconsultes habitant les cantons allemands [1], s'accordent à reconnaître en thèse générale que, dans ces cantons, la matière est régie par le principe de la réciprocité. Nous allons indiquer ci-après les divers documents dont nous avons obtenu la communication, en suivant l'ordre alphabétique des noms des cantons.

255. Dans le canton d'*Argovie*, le Code de procédure civile du 23 août 1838, art. 478, porte que « les » jugements étrangers ne seront exécutés dans le can- » ton qu'autant que les jugements argoviens le seront » également dans le pays dont les juges ont prononcé la » sentence. »

256. Canton de *Bâle-ville*. Le projet de Code de procédure civile, qui n'a pas encore été discuté par le grand conseil, contient les deux dispositions suivantes : § 226. « Lorsqu'il s'agira de mettre à exécution des ju- » gements rendus par les tribunaux étrangers, sur les

---

[1] C'est à M. Kern, collaborateur de la *Revue étrangère*, président du tribunal d'appel du canton de Thurgovie, que nous sommes redevables de la majeure partie de ces communications.

» biens d'individus demeurant dans le canton, la partie
» ou l'autorité qui requerra cette exécution présentera
» une expédition authentique du jugement au tribunal
» civil ou à son président. Celui contre lequel l'exécu-
» tion est requise sera assigné devant ce même tribunal,
» et, s'il comparaît, il sera entendu dans ses exceptions,
» soit contre l'authenticité du jugement, soit contre la
» compétence du tribunal qui l'a prononcé; il pourra
» aussi faire valoir que la demande à fin d'exécution
» n'est pas recevable. Mais il ne sera pas reçu à faire
» juger de nouveau le fond de la cause, en alléguant,
» soit des moyens de droit, soit des moyens d'équité.
» Du reste, les tribunaux examineront d'office la procé-
» dure d'exécution sous les divers rapports indiqués ci-
» dessus : s'il ne s'élève aucun doute dans leur esprit, ils
» accorderont l'exécution; sinon, ils la refuseront. » —
§ 227. « La disposition du paragraphe 226 s'appliquera
» également aux frais du procès jugé par un tribunal
» étranger. Cependant, l'état ou du moins le montant
» des frais devra être liquidé ou certifié par le président
» du même tribunal. »

257. Le Code de procédure civile du canton de *Berne*
dispose, § 336, que « le jugement étranger ne peut être
» mis à excution sans un ordre préalable du petit con-
» seil [1], et ce conseil se guidera par les traités et par le
» principe de la réciprocité. »

258. Canton de *Saint-Gall*. Le projet de Code de
procédure civile, qui n'a pas encore reçu force de loi,
contient, art. 366, la disposition suivante : « Les juge-
» ments rendus par les tribunaux des États étrangers

---

[1] Le pouvoir exécutif.

» dans lesquels on admet la réciprocité à l'égard des ju-
» gements des tribunaux du canton, devront être mis
» à exécution sans difficulté dans toute l'étendue du
» canton. »

259. Canton de *Glaris*. Le Code de procédure civile
de 1837 ne renferme aucune disposition relative à la
matière : le gouvernement décide, dans chaque cas particulier, s'il y a lieu d'ordonner l'exécution du jugement
étranger, en ayant égard au principe de la réciprocité.

260. Canton de *Lucerne*. Une loi du 26 novembre
1836 établit textuellement qu'en toute matière les tribunaux lucernois observeront le principe de la réciprocité, tant envers d'autres cantons qu'envers les États
étrangers. Le projet de Code de procédure civile préparé pour le même canton, mais qui n'a pas encore obtenu force de loi, porte, art. 318 : « Celui qui réclame
» l'exécution d'un jugement rendu par un tribunal
» étranger, présentera requête au tribunal du cercle
» dans lequel le condamné aura son domicile. Ce tribu-
» nal, en faisant droit à la demande, examinera préa-
» lablement la question de la compétence du tribunal
» étranger. Si le jugement est déclaré exécutoire, l'exé-
» cution aura lieu comme s'il s'agissait d'une sentence
» rendue par un tribunal du canton. »

261. Canton de *Soleure*. Le Code de procédure civile
du 13 décembre 1839 est muet sur la matière. C'est au
gouvernement qu'il appartient, comme dans le canton
de Glaris, de décider la question.

262. Canton de *Thurgovie*. Le Code de procédure civile promulgué en 1832 contient, § 289, la disposition
suivante : « S'il s'agit de mettre à exécution un juge-

» ment rendu par un tribunal étranger au préjudice
» d'un habitant du canton, il sera présenté requête au
» gouverneur du cercle (*Bezirksstathalter*), lequel en
» donnera connaissance au petit conseil [1]. Ce dernier dé-
» cidera s'il y a lieu d'accorder l'exécution réclamée,
» conformément aux traités existants ou à l'usage ob-
» servé entre ce canton et un autre canton ou État. »

La disposition suivante se trouve dans le projet de
Code de procédure civile préparé pour le même canton,
§ 307 : « Lorsque l'exécution de jugements rendus par
» des tribunaux étrangers est requise dans le canton, le
» tribunal saisi prendra au préalable l'avis du petit
» conseil sur la question de savoir s'il y a lieu de déférer
» à la demande conformément aux traités existants ou à
» l'usage. On mettra toujours à exécution les jugements
» rendus par les tribunaux des États dans lesquels on
» procédera de même, par réciprocité, à l'égard des ju-
» gements des tribunaux du canton de Thurgovie. »

263. Passons aux cantons français. Nous commençons
par celui de Vaud, parce que, comme l'on verra, la
jurisprudence des tribunaux de ce canton se rapproche
des principes suivis dans les cantons allemands : la loi
de Genève, au contraire, a été rédigée sur le modèle de
la législation française.

264. Canton de *Vaud* [2]. Il n'existe pas de loi générale sur la matière, et il n'y a pas de jurisprudence bien
établie. On est en général assez disposé à accorder l'exécution de tout jugement étranger régulier en la forme,
et qui n'est pas contraire aux principes généraux admis

---

[1] Le pouvoir exécutif.

[2] Nous conservons le texte d'une communication de M. van
Muyden, collaborateur de la *Revue*.

dans ce canton en matière de compétence ; on se rapproche plutôt du système allemand (du principe de la réciprocité) que du système français ; si l'exécution d'un jugement étranger est admise, elle l'est sans examen préalable du fond de la décision. Nous donnerons quelques indications de détail.

Il résulte du texte des art. 2, § 2, et art. 1589 du Code civil vaudois (correspondants aux art. 3, § 2, et art. 2128 du Code civil français), que les tribunaux de ce canton ne reconnaissent pas l'autorité du jugement étranger relatif à des immeubles situés dans le canton. Mais on fait exception à cette règle, lorsque le jugement ne décide pas une question immobilière[1], mais une autre question dont la solution néanmoins influe sur la propriété d'un immeuble, par exemple s'il s'agit de la validité d'une donation ou d'un testament.

Quant aux questions d'état, la jurisprudence des tribunaux paraît fixée sur les trois points suivants : 1° les tribunaux vaudois prononcent le divorce entre époux vaudois, bien que ceux-ci résident à l'étranger : d'où l'on conclut que le jugement rendu par un tribunal étranger de leur résidence ne serait pas reconnu et exécuté dans le canton.—2° Aux termes de l'art. 197 du Code civil, « l'action en paternité d'une Vaudoise contre un » étranger au canton ne sera admise, lors même que » l'étranger serait confessant de la paternité, qu'autant » qu'il constera que l'adjudication qui s'ensuivrait sera » valable dans le pays auquel l'étranger appartient. »

---

[1] L'art. 1 du Code de procédure civile porte : « L'action ayant » pour objet la propriété ou la possession d'un immeuble, ou un » droit sur un immeuble, doit être intentée devant le juge dans le » ressort duquel l'immeuble est situé. »

L'art. 424 du Code de procédure civile ajoute que « la
» preuve que l'adjudication sera valable dans le pays de
» l'étranger, s'opère par une déclaration du conseil d'é-
» tat. » Suivant l'art. 427 du même Code, l'action d'une
étrangère au canton contre un étranger n'est admise
qu'à la même condition. Dans le fait, lorsqu'il n'existe
pas de traité entre le canton de Vaud et le canton ou
État auquel appartient l'étranger, le conseil d'état con-
sulte le gouvernement de ce pays. De tout ceci il faut
tirer la conséquence que les tribunaux vaudois refuseraient l'exécution d'un jugement étranger qui déclarerait
un Vaudois père d'un enfant naturel, sans que le conseil d'état eût été consulté préalablement. — 3° L'émancipation d'un Vaudois ne peut être prononcée que par
le tribunal d'appel du canton (art. 284, § 3 du Code
civil). Mais l'interdiction prononcée par le tribunal du
domicile d'un étranger sortirait ses effets dans le canton
de Vaud, le pouvoir de prononcer l'interdiction étant
considéré comme une dépendance de la police tutélaire,
et cette police appartenant aux autorités du domicile.

265. A *Genève,* le Code civil français est encore en
vigueur : ainsi ce canton est régi par les art. 2123 et
2128 du Code civil. L'art. 376 du Code de procédure
civile, qui remplace l'art. 546 du Code français, est
ainsi conçu : « Les jugements et les actes notariés ren-
» dus ou passés hors du canton, ne pourront y être mis
» à exécution qu'autant qu'ils auront été déclarés exé-
» cutoires par le tribunal de l'audience, parties ouïes
» ou dûment citées, et le ministère public entendu,
» sans préjudice des dispositions contraires qui existe-
» raient dans les traités ou concordats [1]. »

---

[1] *V.*, sur la manière de procéder pour arriver, à Genève, à l'exé-

266. Nous arrivons aux traités.

Le traité conclu entre la *Suisse* et la France en 1828,
et qui continue d'exister, porte, art. 1er : « Les juge-
» ments définitifs en matière civile ayant force de chose
» jugée, rendus par les tribunaux français, seront exé-
» cutoires en Suisse, et réciproquement, après qu'ils
» auront été légalisés par les envoyés respectifs, ou, à
» leur défaut, par les autorités compétentes de chaque
» pays[1]. »

267. Les jugements rendus en matière de faillite dans
le grand-duché de Bade et dans tous les cantons suisses,
à l'exception de Schwytz et de Glaris, sont exécutoires
dans les pays respectifs, aux termes d'un traité du 7 juillet 1808 et des adhésions données en 1820 et 1821[2].

268. Un traité semblable a été conclu en 1825 entre
le Wurtemberg et tous les cantons suisses, à l'exception
seulement de Glaris[3].

269. Depuis 1834, une convention de même nature
existe entre la Bavière, d'une part, et les cantons de
Zurich, Berne Lucerne, Unterwalden, Fribourg, Soleure, Bâle (ville et campagne), Schafhouse, Saint-
Gall, Grisons, Argovie, Thurgovie, Tessin, Vaud,
Valais, Neufchâtel, Genève, Appenzel, (Rhodes exté-
rieures), Uri et Zug, d'autre part[4].

---

cution d'un jugement étranger, le commentaire posthume de
M. Bellot, p. 349 à 353.

[1] Manuel du droit public de la Suisse (*Handbuch des schweitzeri-
schen Staatsrechts*), par M. Snell, t. I, p. 496. — Nous reviendrons
sur ce traité à l'article *France*.

[2] *Ibid.*, p. 477.

[3] M. Snell, t. 1, p. 479.

[4] *Ibid.*, p. 482 et 483.

270. Par un traité[1] conclu entre les cantons de Vaud et de Neufchâtel, les 1er et 8 juillet 1811, il est convenu que les jugements récognitifs de la paternité naturelle[2] rendus, dans l'un des deux cantons, par le tribunal de la résidence momentanée du prétendu père, seront reconnus et exécutés dans l'autre canton où se trouve le véritable domicile du même individu.

Un traité semblable a été conclu entre les cantons de Vaud et de Zurich, le 5 décembre 1820, et renouvelé le 17 mai 1828.

271. Aux termes d'un traité du 22 mai 1827, entre les cantons de Vaud et de Berne, le juge du domicile de la mère est compétent à statuer sur la demande en reconnaissance de la paternité, si le prétendu père est domicilié dans l'autre canton, et le jugement rendu au domicile de la mère recevra son exécution au domicile du père. Cette disposition n'est pas applicable lorsque les deux parties résident hors du canton de leur domicile. L'action doit alors être portée devant les tribunaux de ce domicile. — Le même traité établit la compétence respective des tribunaux des deux cantons à l'effet de prononcer le divorce entre citoyens de l'un de ces cantons qui ont leur résidence dans l'autre.

272. Un traité conclu entre les cantons de Vaud et d'Argovie, le 18 mai 1829, assure dans chacun d'eux l'exécution des jugements rendus en matière de paternité dans l'autre canton.

---

[1] Extrait d'une lettre de M. van Muyden.

[2] On appelle ces jugements : *jugements d'adjudication d'enfants naturels*.

273. La matière est régie par le principe de la réciprocité.

Une notification du gouvernement, en date du 11 mars 1820 [1], confirmée par l'art 1148 du règlement du 10 novembre 1834, établit les règles suivantes : « Article 1er. L'exécution des jugements prononcés par les tribunaux étrangers compétents, dans les causes laïques, entre laïques et en matières non ecclésiastiques, sera accordée en vertu de lettres rogatoires desdits tribunaux, et sur la demande de la partie intéressée. — 2. S'il s'élève des doutes sur la compétence du tribunal qui a prononcé la sentence, le tribunal requis pourra demander au tribunal étranger les éclaircissements nécessaires : dans le cas où les observations de ce dernier ne suffiraient pas pour lever le doute, le tribunal requis s'adressera à la secrétairerie d'État et attendra sa décision. — 3. En demandant l'exécution d'une sentence étrangère, on en présentera l'original ou une copie authentique et revêtue des légalisations d'usage. — 4. Le juge du tribunal étranger devra certifier, dans sa lettre rogatoire, que la sentence est passée en force de chose jugée [2]..... — 8. Le tribunal auquel on s'adressera pour obtenir l'*exequatur*, ne pourra nullement connaître du fond du jugement étranger. Toutefois, si on lui exhibait un nouveau docu-

---

[1] Ce document a déjà été publié dans les « Annales de législation et de jurisprudence, » qui ont paru à Genève sous la direction de M. Rossi, t. II, p. 65, et dans Toullier, t. X, p. 93.

[2] Les art. 5, 6 et 7 sont relatifs à la procédure à suivre devant les tribunaux des États romains.

» ment authentique , qui n'eût pas été pris en considé-
› ration par le tribunal étranger, et qui périmât l'action
» en tout ou en partie, il serait tenu de suspendre l'exé-
» cution et de donner connaissance de cet incident au
» tribunal étranger. — 9. L'*exequatur* ne sera accordé
» qu'autant que les jugements rendus dans les États
» de sa sainteté jouiront de la même faveur dans les
» pays étrangers. Cette réciprocité est présumée , tant
» qu'il n'y a pas quelque raison particulière d'en dou-
» ter. — 10. En conséquence , les tribunaux des États ,
» dans les causes jugées par eux , et sur la demande des
» parties , devront adresser des lettres , pour l'exécution
» de leurs sentences , aux juges étrangers. »

Art. XXVII. Royaume de Sardaigne.

274. Voici les règles établies par la jurisprudence des sénats (cours d'appel) [1]. On verra qu'elles placent en tête le principe de la réciprocité.

Il faut d'abord distinguer les jugements rendus par les tribunaux étrangers contre un sujet du roi, de ceux rendus contre un étranger résidant dans les États sardes.

Dans le premier cas, s'il s'agit de mettre le juge-ment à exécution sur les biens ou contre la personne du condamné, celui au profit duquel il a été rendu pré-sentera au sénat dans le ressort duquel l'exécution de-vra avoir lieu, une requête [2] tendant à déclarer le

---

[1] Nous devons cette exposition à la bienveillante communication de MM. les conseillers d'État chevalier Ratti et comte Petitti de Roreto , à Turin.

[2] Il ne suffit pas d'une commission rogatoire du tribunal qui a rendu le jugement ; le poursuivant doit se faire représenter devant

jugement exécutoire. Avant de déférer à ces conclusions, le sénat examine les quatre questions suivantes : 1° celle de la réciprocité, c'est-à-dire, si dans l'État auquel appartient le tribunal qui a rendu le jugement, les jugements sardes reçoivent également leur exécution[2]. Cette réciprocité se présume, et le demandeur n'a pas besoin d'en justifier par la production d'un traité diplomatique. 2° La compétence : c'est-à-dire, si, par le jugement dont il s'agit, il n'a pas été porté atteinte à la juridiction des tribunaux sardes, ou bien, si le tribunal qui a prononcé était incompétent, soit à raison de la matière, soit à raison de la personne du défendeur. 3° La régularité de la procédure qui a précédé le jugement : c'est-à-dire, si la partie qui a succombé a été légalement représentée ou écoutée dans ses moyens de défense, etc. 4° La justice du jugement : c'est-à-dire, si, au fond, il ne renferme pas une grave ou évidente injustice. S'il ne s'élève pas de difficulté sur la question de réciprocité, et si le sénat reconnaît que le jugement est à l'abri de critique sous les trois derniers rapports, il en ordonne l'exécution selon sa forme et teneur, et il commet, pour cette exécution, le tribunal de préfecture (de première instance) dans le res-

---

le sénat. (M. de Püttlingen, dans l'ouvrage cité à l'article *Autriche*, § 136, p. 153.)

[1] C'est la conséquence du § 12, liv. 5, tit. 22, chap. 4 des constitutions de 1778, dont voici le texte : « A l'égard des jugements » rendus et des contrats ou autres actes passés dans les pays étran- » gers qui regarderont les biens situés dans nos États ou nos sujets, » on observera, quant aux hypothèques et autres effets, ce qu'on » observe dans ces pays à l'égard des jugements rendus et des con- » trats et actes passés dans nos États. » — On verra ci-après que cette disposition a été modifiée quant aux hypothèques.

sort duquel l'exécution doit avoir lieu. — Si le sénat trouve le jugement défectueux, il ordonne l'assignation, devant lui, de la partie qui a succombé à l'étranger, à l'effet de proposer ses exceptions et moyens de défense.

Dans le second cas, c'est-à-dire s'il s'agit d'un jugement rendu par un tribunal étranger au préjudice d'un étranger résidant dans les États sardes, l'examen du sénat se borne à vérifier la compétence du tribunal étranger dans l'intérêt des tribunaux sardes, pour s'assurer s'il n'a pas été empiété sur leur juridiction[1].

275. Dans l'un et l'autre cas, que le jugement ait été rendu contre un sujet du roi ou contre un étranger résidant dans ses États, il n'emporte point hypothèque sur les biens situés dans les États sardes, à moins que les traités politiques entre les deux gouvernements n'en contiennent une déclaration expresse[2].

C'est la disposition de l'art. 2181 du Code civil[3], ainsi conçue : « Les jugements rendus en pays étranger » ne conféreront aucune hypothèque sur les biens situés » dans les États, à moins qu'il n'y ait à cet égard une » disposition expresse dans les traités politiques. »

Ainsi, quant aux hypothèques résultant de juge-

---

[1] C'est une conséquence du § 12 des constitutions, qui ne parle que des sujets du roi.

[2] Ici finit la communication.

[3] La même disposition se trouvait déjà dans l'art. 16 de l'édit sur les hypothèques, en date du 16 juillet 1822. « Les jugements ren-- » dus, » y est-il dit, « et les actes passés en pays étranger ne confére- » ront aucune hypothèque sur les biens situés dans nos États, à » moins qu'il n'y ait à cet égard une disposition expresse dans les » traités politiques; et dans ce cas l'hypothèque sera sujette aux » formalités prescrites pour sa publicité. »

ments rendus à l'étranger [1], le royaume de Sardaigne
n'est pas régi par le système de la réciprocité, mais par
les dispositions expresses qui peuvent se trouver dans
les traités politiques.

Le traité conclu entre la France et la Sardaigne le
24 mars 1760 [2] contient à ce sujet, comme sur l'exécution proprement dite, les dispositions suivantes :
Art. 22 « Pour étendre la réciprocité qui doit former
» le nœud de cette correspondance aux matières con-
» tractuelles et judiciaires, il est encore convenu :

» Premièrement, que de la même manière que les
» hypothèques établies en France par actes publics ou
» judiciaires sont admises dans les tribunaux de S. M
» le roi de Sardaigne, l'on aura aussi pareil égard dans
» les tribunaux de France pour les hypothèques qui se-
» ront constituées à l'avenir par contrats publics, soit
» par ordonnances ou jugements, dans les États de
» S. M. le roi de Sardaigne.

» En second lieu, que pour favoriser l'exécution ré-
» ciproque des décrets et jugements, les cours suprêmes
» déféreront de part et d'autre, à la forme du droit, aux
» réquisitoires qui leur seront adressés à ces fins, même
» sous le nom desdites cours [3]. »

---

[1] Mansord, du droit d'aubaine et des étrangers en Savoie, t. I,
p. 232, § 328.

[2] Wenk, *Codex juris gentium*, t. III, p. 218; Mansord, t. II,
p. 299 et suiv. — Ce traité a été revêtu en France de lettres pa-
tentes du roi en date du 24 août suivant, enregistrées au parlement
de Paris le 6 septembre même année; il a été confirmé par les
traités conclus entre les mêmes gouvernements les 15 mai 1796,
5 avril 1797 et 30 mai 1814.

[3] La forme de procéder pour arriver à l'exécution des jugements
rendus dans les territoires respectifs a été réglée par une conven-

Ainsi que nous l'avons annoncé *suprà*, n° 198, nous n'entrerons pas pour le moment dans des détails relativement à la première de ces dispositions ; nous parlerons seulement de la seconde.

« Cet article, dit Mansord [1], fut exécuté avec assez de bonne intelligence jusqu'à l'époque de la révolution : les parlements de Paris et de Grenoble, ainsi que le sénat de Chambéry, en ont fourni des preuves constantes. » L'auteur renvoie, en cet endroit, aux espèces dont il a parlé aux §§ 253-263, et dans lesquelles les parlements ont mis à exécution les arrêts rendus en Savoie, par suite de commissions rogatoires émanées du sénat de Chambéry ; il rapporte, au § 420, une espèce dans laquelle, en 1781, le sénat, déférant aux lettres réquisitoriales de l'ancienne conservation de Lyon, a ordonné, en vertu d'une sentence de cette cour, l'emprisonnement du débiteur habitant Chambéry.

Depuis 1814, la jurisprudence des cours supérieures des deux royaumes a reconnu en principe que malgré la réunion momentanée du Piémont à la France et la soumission des deux pays aux mêmes lois, le traité de 1760 a repris sa force de plein droit par la rentrée du royaume de Sardaigne sous la domination de son prince [2] ; mais en même temps, dans les deux États, les termes du traité : « Les cours suprêmes déféreront réciproque- » ment aux réquisitions qui leur seront faites en la

----

tion ultérieure entre les deux gouvernements. Cette convention a été rapportée par Grenier, *Traité des hypothèques*, t. I, n° 215.

[1] T. I, § 419, p. 277.

[2] *V.* les arrêts cités ci-après et le jugement du tribunal de la Seine du 8 août 1842. *Gazette des tribunaux* des 8 et 9 août même année.

» forme du droit, » ont été interprétés en ce sens, que les jugements sardes ne reçoivent pas leur exécution en France, et *vice versâ*, sur une simple autorisation (*pareatis*) : les tribunaux du pays ont le droit d'examen et de révision, et ils peuvent refuser l'exécution des jugements.

Mansord cite (§§ 424-433) différentes espèces dans lesquelles, depuis la restauration, les cours royales de Grenoble et de Riom ont refusé de faire droit aux lettres réquisitoriales du sénat de Savoie tendant à faire procéder à l'exécution d'arrêts du même sénat. Par contre, dans deux causes (§§ 436 et 437), le sénat de Savoie a pleinement déféré aux lettres réquisitoriales des cours royales de Grenoble et de Lyon ; s'il n'y a pas déféré dans deux autres causes (§§ 438-452), c'était parce que, dans la première, le demandeur étranger ne s'était pas présenté devant le sénat, et que, dans la seconde, le jugement rendu à Lyon offrait un double vice : la violation des lois de Savoie et l'incompétence du tribunal qui avait prononcé. D'après l'art. **22** du traité, dit Mansord, les cours suprêmes ne doivent déférer aux lettres rogatoires qu'*à la forme du droit*, et il est de principe en droit que, lorsqu'un jugement a été incompétemment rendu ou qu'il présente quelques violations d'une loi positive, on ne doit point en permettre l'exécution (*Faber, Cod. def.*, I, *tit.* 20, *lib.* 7).

Les cours royales de France, de leur côté, se sont également attribué le droit d'examen et de révision des jugements sardes, et de là les refus dont parle Mansord. Ainsi ces cours ont refusé de déférer aux réquisitions des sénats sardes tendant à l'exécution des jugements rendus dans ce royaume, lorsque ces jugements étaient argués d'incompétence [1] ou lorsque leurs dispositions étaient contraires aux lois d'ordre public en vigueur en France [2] : l'exécution n'a été ordonnée qu'autant que la décision sarde ne renfermait aucun de ces deux vices [3].

277. En résumé, le traité de 1760 fait encore loi entre les deux royaumes, sauf le droit d'examen des cours supérieures.

A l'égard de tous les autres États (et à l'exception des droits d'hypothèque), le principe de la réciprocité se trouve consacré par le § 12 des constitutions.

Art. XXVIII. Royaume de Danemark ; duchés de Schleswig et de Holstein.

278. Nous ne croyons pouvoir mieux faire connaître l'esprit de la législation danoise sur la question qui nous occupe qu'en mettant sous les yeux de nos lecteurs la traduction d'un passage de l'*Eunomia* de M. A. S. OErsted [4]. Cet auteur est regardé aujourd'hui comme le premier jurisconsulte de ce royaume.

« La question de savoir quelle force est accordée, en Danemark, aux jugements d'un tribunal étranger n'est

---

[1] Arrêts de la cour royale de Grenoble des 7 août 1817, 9 janvier 1826 et 3 janvier 1829 ; arrêt de la cour de cassation du 17 mars 1830. Sirey, 1827, II, 56; 1829, II, 176; 1830, I, 95. Dalloz, recueil alphabétique, t. VI, p. 503; 1829, II, 149.

[2] Arrêt de la cour de cassation du 14 juillet 1825. Sirey, 1826, I, 378.

[3] Arrêt de la cour royale de Nîmes du 14 août 1839. Dalloz, 1840, II, 73. *Mémorial de Toulouse*, t. XXXIX, p 439.

[4] T. IV, p. 124 et suiv. (ouvrage écrit en danois). — L'auteur est aujourd'hui ministre d'État sans portefeuille; antérieurement il exerçait les fonctions de procureur général du roi près la cour suprême de justice, et de commissaire royal près les deux chambres danoises. C'est à M. Paulsen, professeur de droit à l'université de Kiel, que nous sommes redevables de la traduction de ce passage.

pas sans offrir des difficultés sérieuses. Si les rapports réciproques de droit entre les divers États se trouvaient complétement réglés, le principe le plus juste et le plus exact serait sans doute celui que chaque État reconnaisse l'autorité de la chose jugée par les tribunaux étrangers légalement compétents. Il n'y aurait pas lieu de craindre qu'un État étranger tentât de s'arroger, par ses lois ou par l'application qu'il en ferait, une autorité illégale sur les sujets d'autres États, ni qu'il cherchât à porter préjudice, par des jugements injustes au fond, à des sujets étrangers qui auraient des procès à débattre devant ses tribunaux. Malheureusement ce principe n'a pas été admis généralement ; au contraire, **en France**, par exemple, il est de règle que les jugements rendus par les tribunaux étrangers n'ont pas l'autorité de la chose jugée et ne sont pas susceptibles d'exécution. **Nos** lois ne renferment aucune disposition applicable à la décision de cette question. Suivant nous, ce serait aller trop loin dans la reconnaissance de l'autorité des tribunaux étrangers que d'accorder indistinctement tous leurs effets aux jugements desdits tribunaux, et d'admettre, par exemple, en **Danemark**, l'exécution d'un jugement rendu en **France** au préjudice d'un sujet danois, à moins qu'au préalable celui-ci ne se fût soumis aux lois ou à la juridiction françaises (art. 14 du Code Napoléon), tandis qu'aucun jugement rendu par un tribunal danois ne serait pris en considération ou exécuté en France, malgré la résidence du condamné en **Danemark** et quoiqu'il eût contracté dans ce royaume les obligations qui forment la base dudit jugement. D'autre part, on ne doit pas non plus, à l'exemple de la **France**, refuser en **Danemark** l'autorité de la chose jugée à tout jugement quelconque rendu dans un pays étranger ; car outre que cette maxime

ne saurait guère être conciliée avec les principes du droit
des gens, il y a de l'inconséquence à admettre que les lois
d'un pays étranger dans lequel un contrat a été passé
puissent venir en considération pour apprécier les engagements pris par ledit contrat , tandis qu'on refuse de
reconnaître l'autorité des jugements rendus par les magistrats composant les tribunaux du même pays étranger.
Dans beaucoup de cas aussi , l'individu s'est soumis à la
juridiction des tribunaux d'un pays étranger par une
disposition directe ou indirecte de sa volonté.

» D'après ce qui vient d'être dit , il ne reste qu'une
seule issue pour sortir d'embarras : c'est de respecter
en général dans ce royaume les jugements rendus dans
les pays étrangers , tout en examinant au préalable la
compétence du tribunal dont ils émanent. Pour apprécier cette compétence, nous ne pouvons nous en rapporter qu'à nos propres lois , attendu qu'il n'existe
aucun droit naturel qui puisse former la base de la décision , et parce qu'en prenant en considération les lois
du lieu où le jugement a été rendu , on s'exposerait,
ainsi qu'il vient d'être dit, à accorder en Danemark dans
beaucoup de cas une influence aux tribunaux étrangers,
sans qu'on pût s'attendre à voir reconnaître l'autorité de
nos tribunaux dans un cas identique par l'État étranger
dont il s'agit. Beaucoup d'inconvénients peuvent d'ailleurs résulter de ce principe (de l'exécution illimitée
des jugements étrangers). En effet , d'une part , la compétence d'un tribunal repose souvent sur des conditions
de fait qui ne sont pas appréciées de la même manière
dans les divers États ; d'autre part , l'inégalité acciden-
telle des lois des divers États en matière de compétence
et des règles de droit adoptées par les tribunaux en
cette matière, peut limiter, sous beaucoup de rapports,

dans les pays étrangers , l'autorité des jugements rendus légalement dans un autre pays. De même, d'après le principe indiqué ci-dessus , le jugement rendu en pays étranger dans le *forum contractus* ne sera pas regardé comme valable en Danemark, si la personne obligée ne résidait pas, au moment où la demande a été formée, dans l'endroit où l'exécution du contrat devait avoir lieu (Code danois , liv. I, ch. 2, art. 19 ; Code norwégien , art. 16). Aussi le jugement rendu *in foro reconventionis* n'aura pas force d'exécution en Danemark, lorsque le demandeur aura été condamné à payer une somme plus forte que celle que le défendeur lui devait (Code danois, liv. I, tit. 2, art. 23 ; Code norwégien , art. 20). Quoique le *forum arresti* soit admis dans nos lois au préjudice des étrangers (placard du 30 novembre 1821) , cependant le jugement rendu en ce *forum* dans un pays étranger ne serait pas respecté en Danemark. Le *forum arresti* est reconnu chez nous dans deux cas seulement : si le saisi se trouve dans le lieu où la saisie-arrêt est formée , ou s'il y possède des propriétés immobilières ou mobilières. Admettre l'exécution du jugement rendu dans le lieu de la saisie-arrêt sur des biens du condamné situés dans un autre État, ce serait accorder à un État l'occasion la plus étendue d'exercer la juridiction sur les sujets des États étrangers......

» Les règles que nous venons d'établir paraissent devoir être appliquées également aux jugements rendus en matière criminelle : on ne saurait leur attribuer des effets plus étendus [1].

---

[1] Pour ne pas interrompre l'exposition de M. Œrsted, nous conservons ce qu'il dit des jugements rendus à l'étranger en matière

» D'après ce que nous venons d'exposer, la décision de la question de savoir jusqu'à quel point un jugement rendu à l'étranger peut avoir l'autorité de la chose jugée dans ce royaume, exige un examen approfondi; de là il suit que ce jugement ne peut, dans aucun cas, à l'instar d'un jugement danois passé en force de chose jugée, être mis immédiatement entre les mains du pouvoir exécutif, mais que la partie qui a obtenu ledit jugement doit commencer par porter la cause devant les tribunaux danois, en concluant à ce que celui contre lequel le jugement étranger a été rendu soit déclaré légalement obligé de s'y conformer. Cette action ne peut être formée ailleurs que devant le tribunal danois compétent. Du reste, dans cette instance, on pourrait élever la question de savoir si les voies ordinaires ou extraordinaires de recours contre les jugements danois sont recevables contre le jugement étranger. La partie qui a succombé devrait justifier de l'affirmative. Pendant l'examen de cette question, ou pendant que la décision portée par le jugement sera soumise à de nouveaux débats, il devrait être sursis à l'instance formée en Danemark.

» Dans le cas où l'exécution d'un jugement étranger prononçant des pénalités serait réclamée en Danemark, et que cette exécution entraînerait l'extradition du condamné, l'affaire devrait être l'objet d'une conférence entre le ministère des affaires étrangères et la chancellerie (le collége présidé par le ministre de la justice), à moins qu'il n'existe des conventions spéciales avec le

---

criminelle, bien que nous ayons réservé cette matière pour la traiter dans un autre chapitre.

gouvernement étranger et des instructions données en conséquence aux autorités.

» D'après ce qui a été dit ci-dessus, les jugements des tribunaux étrangers ne peuvent pas recevoir immédiatement leur exécution dans le royaume; cependant, lorsque la compétence du tribunal dont ils émanent n'est pas contestée, et qu'aucune autre exception n'a été proposée contre lesdits jugements, ils doivent être regardés comme titres valables en droit; dès lors il est incontestable que les mêmes jugements peuvent produire l'*exceptio rei judicatæ* à l'égard d'autres créances dont le payement est poursuivi en justice contre le bénéficiaire du jugement étranger; toutefois, la validité de cette exception doit être soumise aux conditions que nous avons indiquées ci-dessus, et dont l'accomplissement doit précéder l'exécution des jugements étrangers.

» Les puissances belligérantes admettent même que les jugements des tribunaux respectifs rendus en matière de prises maritimes, et ayant pour objet des vaisseaux ou des meubles appartenant à l'État ou à ses sujets, ont pour effet de priver l'ancien propriétaire de son droit de propriété, de telle manière que ces vaisseaux ou meubles, lorsqu'ils font retour dans un port de l'État ou qu'ils sont capturés sur mer par une de ses croisières, ne peuvent être réclamés par les propriétaires primitifs (Règlement sur les corsaires, rendu pour le royaume et les duchés en date du 28 mars 1810, § 10). Des arrêts de notre cour suprême ont reconnu les exposés de faits contenus dans des jugements étrangers rendus en matière de prises comme preuve décisive entre les assureurs et les assurés.....

» Dans le cas où le jugement émané d'un tribunal est destiné à avoir des effets plus étendus que son exécution directe, le jugement étranger ne saurait sortir identiquement les mêmes effets que celui rendu dans le royaume : c'est là le cas d'un jugement qui prononce le bannissement ou qui applique au condamné la peine de l'infamie, bien que l'un et l'autre sortissent leurs effets au préjudice du condamné dans sa patrie. Aussi le jugement qui prononce la confiscation des biens ne sera guère respecté dans les pays étrangers de la situation de ces mêmes biens...... [1] »

279. Dans les duchés de *Schleswig* et de *Holstein*, il n'existe pas non plus de dispositions textuelles sur la matière : aucun auteur n'en a fait l'objet de ses investigations. Dans l'usage, les jugements étrangers sont signifiés à la partie condamnée, à la diligence de la cour supérieure de justice; si cette partie n'oppose pas des exceptions, l'exécution se poursuit, en Holstein, conformément à la règle admise dans toute l'étendue de l'ancien empire germanique; il en est de même en Schleswig, par suite de l'identité de l'organisation judiciaire. Les exceptions opposées sont examinées et jugées sommairement par les tribunaux des duchés [2].

280. Après avoir indiqué les États dans lesquels le principe de la réciprocité est admis, nous arrivons aux États qui suivent des principes différents, ce sont : la France, les États dans lesquels la législation française a force de loi (la Belgique, les provinces détachées de la France et situées sur la rive gauche du Rhin, le duché de Berg), les États qui ont pris cette législation

---

[1] Ici finit l'exposition de M. OErsted.
[2] Communication de M. Paulsen.

pour modèle de leurs nouvelles lois (le grand-duché de Toscane [1], le royaume des Deux-Siciles, le canton de Genève [2], Haïti, la Grèce, le royaume des Pays-Bas), l'Espagne, le Portugal, la Suède, la Norwége, la Russie, enfin la Grande-Bretagne et les États-Unis de l'Amérique septentrionale.

Art. XXIX. France.

281. En France, depuis longtemps, on suit une doctrine opposée à celle qui est admise dans les divers pays allemands et dans les autres États dont nous avons parlé jusqu'ici : on maintient rigoureusement le principe de l'indépendance des États, et on refuse, en France, aux jugements étrangers l'autorité de la chose jugée. Cette maxime n'est pas inscrite au texte des lois dans toute l'étendue de l'acception que lui attribue la jurisprudence des tribunaux : nous démontrerons par la suite que cette interprétation extensive est contraire au sens littéral des dispositions législatives, et qu'elle ne trouve sa base ni dans les monuments de la discussion des mêmes lois, ni dans une saine appréciation des rapports qui existent entre les diverses nations.

La première loi sur la matière, dans l'ordre chronologique, c'est l'art. 121 de l'ordonnance du 15 janvier 1629 ; il est ainsi conçu : « Les jugements rendus, » contrats ou obligations reçus ès royaumes et souve- » rainetés étrangères, pour quelque cause que ce soit, » n'auront aucune hypothèque ni exécution en notre

---

[1] Nous suivons l'ordre chronologique des lois rendues sur la matière dans ces divers États.

[2] Nous avons déjà parlé de ce canton *suprà*, n° 265.

» royaume ; ains ' tiendront les contrats lieu de simples
» promesses ; et nonobstant les jugements , nos sujets
» contre lesquels ils ont été rendus , pourront de nou-
» veau débattre leurs droits comme entiers devant nos
» officiers. »

Quoique l'enregistrement de l'ordonnance de 1629
ait rencontré quelque opposition dans le sein des parlements [2], et que cette ordonnance ait été en défaveur depuis son origine [3], cependant l'art. 121 a toujours reçu
son exécution , et il a conservé force de loi en France
jusqu'à ce moment. C'est ce qui résulte des décisions
anciennes et nouvelles qui ont appliqué cette même disposition [4]. « L'article 121, » disait la cour de cassation
dans les motifs de son arrêt du 27 août 1812 [5], « renferme
» une loi politique non abrogée par les nouveaux codes. »

L'art. 121 se compose de trois dispositions distinctes :
la première , qui est conçue en termes généraux , refuse

---

[1] C'est-à-dire : « Mais. »

[2] Bouhier, Sur la coutume de Bourgogne, t. II, chap. 53, p. 83.
Denisart, Nouvelle collection de jurisprudence, t. IX, p. 761.
Mansord, Du droit d'aubaine et des étrangers en Savoie, t. I,
§ 332, p. 235. Lyndrajer, *De executione sententiæ peregrinæ in
causa civili latæ*, chap. 2, § 3. Boitard, Leçons sur le Code de
procédure civile, t. III, p. 302.

[3] Pothier, Traité du contrat de louage, n° 186 ; le même, Sur
la coutume d'Orléans, tit. 20, n° 9. Merlin, Questions de droit,
v° Jugement, § 14 (3e édit., t. IV, p. 17). Grenier, Des hypothèques, t. I, n° 14. M. Troplong, Des prescriptions, n°ˢ 1005 et
1006 ; le même. Des hypothèques, sur l'art. 2128, n° 512.

[4] Merlin, à l'endroit cité, et au Répert., v° Souveraineté, § 6.
Favard, Répertoire de la nouvelle législation, v° Exécution des jugements et actes civils, n° 4. Lyndrajer, § 5. — *Contrà*, Boitard,
à l'endroit cité.

[5] Sirey, 1813. I, 226.

a tous jugements, contrats et obligations rendus ou consentis en pays étranger, le double effet d'emporter par eux-mêmes hypothèque et de recevoir leur exécution en France ; elle suppose, ainsi que nous l'expliquerons ci-après, qu'ils ne peuvent obtenir ce double effet qu'en suite d'un ordre émané d'un tribunal français. La seconde disposition est spéciale : elle s'occupe des contrats passés à l'étranger, auxquels elle conserve leur foi. La troisième disposition est également toute spéciale : elle a pour objet unique les jugements rendus en pays étranger au préjudice de Français, et elle autorise ceux-ci à débattre de nouveau leurs droits comme entiers, soit en repoussant l'exception de la prétendue chose jugée en faveur de la partie adverse, soit en formant une nouvelle demande [1]. Le texte ne distingue pas le cas où le Français a plaidé en pays étranger comme défendeur, de celui où il a paru en qualité de demandeur devant la juridiction étrangère [2].

Le texte de l'art. 121 n'ayant pas accordé la même faculté de débattre leurs droits comme entiers aux étran-

---

[1] Nous ne nous occupons, en cet endroit, que des parties du texte qui ont rapport à l'exécution forcée des jugements étrangers : tout ce qui regarde la foi due aux contrats, ainsi que l'hypothèque qui peut résulter des contrats et jugements, fera l'objet d'un autre chapitre.

[2] Serres, Institutions au droit français, liv. 1, tit. 2, § 9, à la fin. Emerigon, Traité des assurances, t. I, chap. 4, sect. 8, 6°, p. 123. Merlin, Questions de droit, v° Jugement, § 14 (3e édit., t. IV, p. 21 à 26); arrêt de la cour de cassation du 18 pluviôse an XII, *ibid.*, p. 27. Lyndrajer, § 13. — Boullenois, Traité de la personnalité et de la réalité des lois, t. I, observ. 25, p. 646, n'avait admis ce principe que pour le cas où le Français avait plaidé en pays étranger comme défendeur. Cette erreur a été réfutée par Merlin, à l'endroit cité, et par Toullier, t. X, n° 82.

gers contre lesquels on demande en France l'exécution d'un jugement rendu à l'étranger, soit en faveur d'un Français, soit en faveur d'un autre étranger, la jurisprudence reconnut en principe que ce jugement pouvait et devait être déclaré exécutoire par les tribunaux français, sur la simple requête de la partie qui l'avait obtenu, sans que la partie condamnée pût demander un nouvel examen du fond[1]. Toutefois, ce principe n'était pas sans contradicteurs, surtout en ce qui concernait l'exécution du jugement sur les biens immeubles situés en France[2].

282. Avant 1789, le principe qui refuse tout effet au jugement étranger rendu au préjudice d'un Français admettait trois exceptions, qui étaient établies par des traités : la première en faveur des jugements rendus dans le royaume de Sardaigne, aux termes du traité conclu entre les deux gouvernements, le 1er mars 1760, art. 22[3]; la seconde en faveur des jugements rendus en Suisse (art. 12 du traité conclu à Soleure le 28 mai 1778)[4]; la troisième en faveur des jugements rendus en

---

[1] Boullenois, t. I, observ. 25, p. 606 et 646. Jullien, Commentaire sur les statuts de Provence, t. II, p. 442, nos 18 et 19. Boniface, Arrêts, t. III, liv. I, chap. 4. Emerigon, à l'endroit cité. Merlin, à l'endroit cité, n° 2, 5e question, p. 28. Répertoire, v° Jugement, § 8. M. Persil, Régime hypothécaire, 4e édit., sur l'art. 2123, n° 20, p. 393.

[2] Brodeau, sur l'art. 164 de la coutume de Paris. M. Persil, à l'endroit cité.

[3] V. *suprà*, l'article *Sardaigne*.

[4] Martens, Recueil des traités, t. II, p. 507. Ce traité a été renouvelé les 27 septembre 1803 et 18 juillet 1828 (Bulletin des lois, 1829, n° 10572). *V.* les arrêts de la cour de cassation des 28 décembre 1831 et 23 juillet 1832 (Sirey, 1832, I, 627 et 664), et

Russie sur les contestations relatives à la succession d'un Français décédé dans cet empire (art. 16 du traité du 11 janvier 1787) [1].

283. Tel était l'état de la législation et de la jurisprudence au moment de la révolution de 1789.

La nouvelle législation renferme trois dispositions sur la matière : ce sont les art. 2123 et 2128 du Code civil, et 546 du Code de procédure civile; ces articles sont ainsi conçus :

Art. 2123 : « L'hypothèque ne peut résulter des ju- » gements rendus en pays étranger qu'autant qu'ils ont » été déclarés exécutoires par un tribunal français, sans » préjudice des dispositions contraires qui peuvent être » dans les lois politiques ou dans les traités. »

Art. 2128 : « Les contrats passés en pays étranger ne » peuvent donner d'hypothèque sur les biens de France, » s'il n'y a des dispositions contraires à ce principe dans » les lois politiques ou dans les traités. »

On voit que ces deux articles ne s'occupent que des hypothèques.

L'art. 546 du Code de procédure civile a généralisé le principe que les art. 2123 et 2128 du Code civil n'avaient énoncé qu'à l'égard des hypothèques. Il porte : « Les jugements rendus par les tribunaux étrangers et » les actes reçus par les officiers étrangers ne seront » susceptibles d'exécution en France que de la manière » et dans les cas prévus par les art. 2123 et 2128 du

---

l'arrêt de la cour royale de Paris , du 19 mars 1830 (Sirey, 1830, II, 145).

[1] Martens, *ibid.*, t. IV, p. 196 et suiv. *V.* les Arrêts de la cour de cassation des 15 juillet 1811 et 13 août 1816 (Répertoire, v° Jugement , § 7 *bis.* Sirey, 1811, 1, 301 ; 1816, 1, 343).

» Code civil ; » c'est-à-dire , en d'autres termes , les jugements étrangers ne sont susceptibles d'exécution en France qu'autant qu'ils ont été déclarés exécutoires par un tribunal français.

Ces trois dispositions, ainsi que l'art. 121 de l'ordonnance de 1629[1], forment aujourd'hui la législation de la matière[2].

Il s'agit de les interpréter, de les combiner et de les appliquer ensemble : à cet égard plusieurs questions se présentent.

284. Il est d'abord certain, d'après le texte positif des art. 2123 et 546, qu'aucun jugement rendu à l'étranger ne peut recevoir d'exécution forcée ou emporter hypothèque[3] en France, à moins qu'au préalable il n'ait été déclaré exécutoire par un tribunal français. Tout le monde est d'accord sur ce point : on reconnaît que la partie qui a obtenu en pays étranger le jugement qu'il s'agit d'exécuter en France, ne peut pas se borner, comme lorsqu'il s'agit d'un jugement rendu en France, à remettre l'expédition ou la grosse à l'huissier pour en suivre l'exécution ; il ne suffit pas même de présenter requête à un tribunal pour obtenir l'ordonnance d'*exequatur :* la partie qui a intérêt à voir mettre à exécu-

---

[1] Qui, ainsi que nous l'avons établi au n° 281 , est généralement reconnue comme étant toujours en vigueur.

[2] Ce n'est pas à dire avec M. Persil (Régime hypothécaire, 4ᵉ édit., t. I, p. 390) que l'art. 121 de l'ordonnance forme le commentaire de l'art. 2123 du C. civ. Ces deux dispositions existent l'une à côté de l'autre et doivent être interprétées de telle manière qu'elles ne se contredisent pas.

[3] Nous ne parlerons pas ici du droit d'hypothèque résultant des jugements , mais seulement de leur exécution forcée. *V. suprà,* n° 198.

tion, en France, le jugement étranger, doit faire assigner devant un tribunal français la partie au préjudice de laquelle le même jugement a été rendu, à l'effet de le voir déclarer exécutoire [1].

285. Après cette assignation, et relativement aux débats qui peuvent s'élever devant le tribunal français saisi de la demande à l'effet d'exécution, il se présente deux systèmes.

D'une part, on soutient qu'il faut distinguer les jugements étrangers rendus au préjudice d'un Français, de ceux dans lesquels un étranger a succombé : au premier cas, on s'en tiendra au texte de l'art. 121 de l'ordonnance de 1629 [2]; au second cas, l'examen du tribunal français portera uniquement sur la question de savoir si le jugement renferme une disposition contraire, soit à la souveraineté de la nation française, soit aux intérêts de la nation comme telle, soit enfin au droit public de la France. Dans l'affirmative, le tribunal refusera d'en ordonner l'exécution ; dans la négative, il déclarera le jugement exécutoire sans examen préalable du fond, ou, en d'autres termes, sans entrer dans l'examen des droits privés des parties qui ont fait l'objet de la contestation portée devant le tribunal étranger.

D'après le second système, tous les jugements rendus à l'étranger, soit au préjudice de Français, soit au préjudice d'étrangers, n'ont par eux-mêmes aucune autorité en France : dans tous les cas, la partie assignée devant un tribunal français à l'effet de voir ordonner l'exécu-

---

[1] Favard, Répertoire de la nouvelle législation, v° Exécution des jugements et actes civils, § 1, n° 4.

[2] Nous entrerons ci-après dans quelques développements sur le sens de cet article.

tion du jugement, est fondée à se défendre par tous les moyens de droit, soit en la forme, soit au fond, de la même manière que si le jugement étranger n'existait pas ; et enfin le jugement n'obtient d'autorité en France qu'après que le tribunal français se l'est approprié par un nouveau jugement qui seul reçoit son exécution.

Le premier système avait été généralement adopté dans les premières années qui suivirent la promulgation du Code civil et du Code de procédure civile ; il a notamment été professé par Merlin [1], Maleville [2], Pigeau [3], Carré [4], par M. Berriat Saint-Prix [5], et par M. Mourre, alors procureur-général de la cour d'appel de Paris [6]. Il a été consacré par la cour de cassation [7], par la cour royale de Paris [8] ; M. Dupin aîné [9] l'a également-

---

[1] Dans ses conclusions des 7 janvier 1806 et 7 août 1812, rapportées au Répertoire de jurisprudence, v° Jugement, § 8 ; v° Souveraineté, § 6. Questions de droit, v° Jugement, § 14, n° 2.

[2] Analyse raisonnée du Code civil, art. 2123.

[3] Traité de la procédure civile, t. II, p. 36 (2e édit., 1811).

[4] Analyse raisonnée du Code de procédure, t. II, p. 179, quest. 1737.

[5] Cours de procédure, 3e édit., p. 451.

[6] Conclusions du 16 décembre 1809. Quest. de droit, v° Jugement, § 14, n° 3.

[7] Arrêt du 7 janvier 1806. Répertoire, v° Jugement, § 8. Sirey, 1806, I, 129.

[8] Arrêt du 13 mai 1820. Dalloz, Recueil alphabétique, t. VI, p. 490. — La cour d'appel de Deux-Ponts (Bavière rhénane) a jugé dans le même sens par arrêt rendu en 1816, rapporté dans les Annales de l'administration de la justice dans la Bavière rhénane (*Annalen der Rechtspflege in Rheinbayern*), publiées par M. Hilgard, t. I, p. 45.

[9] Plaidoyer pour les héritiers Stacpoole. Annales du barreau moderne, t. V, part. 2, p. 365 et suiv. Pailliet, Dictionnaire universel du droit français, v° Acte exécutoire, n° 16.

ment adopté. Ce même système est encore suivi aujour-
d'hui par MM. Lyndrajer [1], Dalloz aîné [2], Duranton [3],
Foucher [4], Boitard [5] et Valette [6]; il a été soutenu dans
un mémoire publié par un savant et laborieux magistrat, M. Maniez [7], conseiller-auditeur à la cour royale
de Douai. Toutefois Merlin [8], Carré [9] et M. Berriat
Saint-Prix [10] ont changé d'avis depuis l'arrêt de la cour
de cassation, en date du 19 avril 1819. dont nous
parlerons à l'instant.

Aujourd'hui, le second système est professé par
Delvincourt [11], Toullier [12], par MM. Persil [13], Gui-

---

[1] Dissertation déjà citée, chap. 2, § 8 et suiv.

[2] Répertoire alphabétique, v° Droits civils, sect. I, art. 5, § 3.
Dictionnaire général de M. Dalloz jeune, v° Étranger, art. 6,
n° 244 et suiv.

[3] Cours de droit français, t. XIX, n° 342.

[4] Nouvelle édition du Traité des lois d'organisation judiciaire et
de la compétence, de Carré, t. III, p. 250 et suiv.

[5] Tome III, p. 304.

[6] Nouvelle édition du Traité sur l'état des personnes, par feu
Proudhon, t. I, p. 159, note a.

[7] Ce mémoire ayant été peu répandu, nous croyons rendre
service à nos lecteurs en rapportant, à la suite de notre discussion,
les propositions soutenues par l'auteur.

[8] Questions de droit, v° Jugement, § 14, n° 2.

[9] Lois de la procédure, sur l'art. 546, quest. 1899.

[10] Cours de procédure civile, 6e édit. (1835), t. III, p. 567,
note 2.

[11] Cours de Code civil, édit. de 1834, t. I, notes, pages 32
et 33.

[12] Tome X, n°s 81 et 82.

[13] Régime hypothécaire, sur l'art. 2123, n° 2. L'auteur regarde
comme très-controversée la question de savoir si le jugement étranger rendu contre un étranger peut recevoir son exécution sur simple
ordonnance sans nouvelle discussion; mais il soutient que le

chard [1], Pardessus [2], Troplong [3], Rauter [4] et Légat [5]; il a été adopté par la cour de cassation [6], par les cours royales de Poitiers [7], de Paris [8], de Toulouse [9], par le tribunal de première instance de la Seine, dans l'affaire Stacpoole [10], par la cour royale de Grenoble [11], par

---

même jugement ne peut emporter hypothèque sans nouvelle discussion.

[1] Traité des droits civils, n. 238, p. 253.

[2] Cours de droit commercial, t. VI, n° 1488, 1°. L'auteur déclare que le tribunal français, à qui est demandée l'exécution d'un jugement étranger rendu contre un étranger, peut, même par des moyens du fond, refuser d'ordonner l'exécution, et il cite l'arrêt du 19 avril 1819 comme ayant jugé en ce sens. En même temps l'auteur admet cependant que si le tribunal français ne croyait pas devoir se livrer à cet examen (c'est-à-dire s'il déclarait *de plano* ce jugement étranger exécutoire), son jugement ne serait pas attaquable en cassation, parce que cette révision est facultative pour le tribunal, et n'est pas établie dans l'intérêt de l'étranger, mais dans l'intérêt de la souveraineté territoriale, intéressée au maintien du droit public. »

[3] Des priviléges et hypothèques, t. II, n° 451 et suiv.

[4] Cours de procédure civile française, n° 157, p. 166.

[5] Code des étrangers, p. 380 et 383.

[6] Arrêt de rejet de la chambre civile, du 19 avril 1819. Questions de droit, v° Jugement, § 14, n° 2. Sirey, 1819, I, 129. — Un autre arrêt de rejet de la chambre des requêtes, du 1er avril 1839 (Sirey, 1839, 1, 379) a été rendu dans une cause où le tribunal étranger avait prononcé au préjudice d'un Français.

[7] Arrêt du 8 prairial an XIII. Sirey, 1806, II, 40.

[8] Arrêt du 27 août 1816. Sirey, 1816, II, 369. L'arrêt du 19 avril 1819 a rejeté le pourvoi formé contre cet arrêt.

[9] Arrêt du 27 décembre 1819. Sirey, 1820, II, 312.

[10] Pailliet, Dictionnaire universel de droit français, v° Acte exécutoire, n° 16.

[11] Arrêt du 3 janvier 1829. Sirey, 1829, II, 176.

celles de Nîmes [1] et de Bordeaux [2], et par le conseil d'État [3].

Nonobstant ces autorités nous croyons devoir nous prononcer en faveur du premier des deux systèmes indiqués ci-dessus. Ce système, d'une part, nous semble être le seul conciliable avec les textes des lois, combinés ensemble; d'autre part, il est conforme, en partie du moins, aux maximes reconnues en cette matière par les autres nations de l'Europe [4]. Dès lors, si ce système était admis en France, il ferait disparaître, toujours en partie du moins, l'état d'opposition dans lequel l'application du second système place la France vis-à-vis la

---

[1] Du 14 août 1839. Dalloz, 1840, II, 73. Mémorial de Toulouse, t. XXXIX, p. 439. Cet arrêt, ainsi que ceux de Toulouse et de Grenoble, qui viennent d'être mentionnés, ont été rendus dans des espèces où l'exécution du jugement étranger était réclamée contre un étranger : je les cite cependant, parce que, dans leurs considérants, ils professent le second des deux systèmes.

[2] Du 22 janvier 1840. Dalloz, 1840, II, 167.

[3] Une ordonnance royale, rendue en conseil d'État, section du contentieux, le 12 février 1823 (M. Macarel, Recueil des arrêts du conseil, t. V, p. 73 et suiv.) a jugé qu'un arrêt rendu en Angleterre entre deux Anglais ne peut faire titre en France. « Considé- » rant, y est-il dit, que le sieur William Stacpoole demande l'an- » nulation, à son profit, du majorat institué par le sieur Georges » Stacpoole : — considérant que le sieur William Stacpoole se fonde » uniquement sur un arrêt de la haute cour des pairs d'Angleterre, » — considérant que cet arrêt ne peut avoir d'autorité et d'exécu- » tion en France, sans l'intervention des tribunaux français ; — » qu'ainsi le requérant est sans titre et par conséquent non rece- » vable, quant à présent, dans sa demande;

» Art. 1. La requête du sieur William Stacpoole est rejetée. — » Art. 2. Le sieur William Stacpoole est condamné aux dépens.

[4] V. *suprà*, n° 201 et suiv.

majeure partie des États de l'Europe , et il rétablirait l'harmonie désirable entre les nations.

286. Pour exposer d'une manière méthodique les arguments à l'appui de notre opinion , nous commencerons par présenter quelques considérations générales sur l'exécution des jugements étrangers ; nous chercherons ensuite à faire connaître le sens et la portée des diverses dispositions législatives qui régissent la matière ; après avoir examiné chacune d'elles en particulier , nous finirons par les combiner ensemble.

Il faut distinguer deux choses dans un jugement : sa décision et son exécution. Sa décision est l'ouvrage des magistrats qui l'ont rendu , mais son exécution dépend du souverain du lieu où elle doit se faire. C'est au nom du souverain que les jugements s'exécutent et par des officiers qu'il a institués. Dans l'exécution d'un jugement rendu par un tribunal étranger, ce ne serait pas la décision qu'il contient , mais son exécution qui pourrait blesser les droits de l'État ou du souverain. Il suit de là que l'exécution d'un jugement rendu à l'étranger ne saurait jamais avoir lieu par la volonté seule de la partie qui l'a obtenu , mais que ce jugement doit avoir l'attache des tribunaux du territoire. En admettant l'exécution des jugements rendus en pays étranger, pourvu qu'elle soit permise par les tribunaux français , on évite un refus qui pourrait être regardé comme une injustice. On laisse subsister une décision qui porte en soi la présomption de sa légalité , et on ne laisse apercevoir que l'autorité du tribunal qui a permis l'exécution au nom du souverain sur le territoire duquel elle se fait.

Après ces considérations générales , et procédant par la voie historique , nous commencerons par énoncer la proposition admise par tous les auteurs et par tous les arrêts rendus dans la matière, savoir que l'article 121 de l'ordonnance de 1629 fait encore loi [1].

Nous avons vu ci-dessus, n° 281, que ce texte renferme trois dispositions distinctes, dont la première et la troisième viennent en considération dans la présente discussion : elles déclarent, d'une part, que les jugements étrangers ne recevront (par eux-mêmes) aucune exécution en France, et que, d'autre part, les Français pourront de nouveau débattre leurs droits comme entiers devant les tribunaux du royaume.

Nous avons vu également qu'avant 1789 les auteurs et la jurisprudence ont été d'accord pour reconnaître que le jugement rendu à l'étranger contre un étranger pouvait être déclaré exécutoire sur simple requête et sans que la partie condamnée eût le droit de réclamer un nouvel examen du fond : ce droit appartenait uniquement au Français qui avait succombé devant les juges étrangers.

Il s'agit maintenant de savoir si les nouvelles lois ont modifié la disposition de cet article 121, en lui attribuant des effets plus ou moins étendus que ceux qu'elle avait anciennement.

Pour résoudre cette question, il est nécessaire de rechercher le véritable sens des articles 2123, 2128 et 546, pris isolément et abstraction faite pour le moment de l'article 121 de l'ordonnance de 1629.

Dans cet examen il sera utile de consulter l'intention du législateur, telle qu'elle résulte des monuments de la discussion des Codes.

Les travaux préparatoires à l'adoption du Code civil

---

[1] V. *suprà*, n° 281.

n'offrent rien qui soit relatif aux articles 2123 et 2128.

Quant au Code de procédure civile, le conseiller d'État Réal s'exprimait ainsi dans l'exposé des motifs de l'article 546 [1] : « Si les officiers ministériels de l'em-
» pire, si les membres de la grande famille qui le com-
» posent ne doivent obéir qu'au nom du prince, il faut
» en conclure qu'un jugement émané d'une puissance
» étrangère n'est, ni pour ces officiers ministériels, ni
» pour les sujets de l'empire français, un ordre auquel
» ils doivent obéir. Ce principe se trouvait implicite-
» ment énoncé dans plusieurs articles du Code civil, et
» notamment dans les articles 2123 et 2128. Il est ici
» rappelé et formellement déclaré dans l'article 546,
» avec les modifications exigées pour les cas prévus par
» ces deux articles. »

On voit que dans l'article 546, comme dans les ar-
ticles 2123 et 2128, il ne s'agit que d'un ordre à donner par le tribunal français aux officiers ministériels et aux regnicoles : il n'est pas question d'un nouvel examen de la décision portée par le tribunal étranger.

Même langage dans le discours prononcé par M. Favard, à la séance du corps législatif, en présentant le vœu d'adoption émis par la section de législation du tribunat [2] : « Comme un des principaux attributs de la
» souveraineté est de rendre exécutoires les jugements
» des tribunaux..., le Code civil et le Code de procé-
» dure portent que les jugements rendus par les tribu-
» naux étrangers... ne sont pas susceptibles d'exécution
» en France, à moins qu'ils n'aient été déclarés exécu-
» toires par un tribunal français. » L'orateur du tribunat

---

[1] Locré, Législation civile..... t. XXII, p. 572.
[2] Locré, ibid., p. 617.

ne parle que d'un ordre d'exécution délivré au nom de la puissance souveraine, et nullement d'un nouvel examen des moyens de forme ou de fond que présente la cause.

Il résulte de ces deux documents que le but des auteurs des Codes, en adoptant les articles 2123, 2128 et 546, a été uniquement d'exprimer que le jugement étranger, à quelque nation qu'appartienne la personne au préjudice de laquelle il a été rendu, a besoin, pour recevoir son exécution en France, d'une déclaration ou d'un ordre émané d'un tribunal français, qui enjoigne cette exécution aux officiers ministériels ainsi qu'à tous les sujets du roi.

De là il suit que ce qui sera exécuté, ce ne sera pas un jugement nouveau, une décision française, ce sera une décision étrangère déclarée exécutoire par un tribunal français [1].

Ces deux propositions nous semblent résulter d'une manière incontestable du texte et de l'esprit des articles 2123, 2128 et 546 : — toujours abstraction faite de l'article 121 de l'ordonnance de 1629.

Développons maintenant ces deux propositions, avant d'arriver à la combinaison de cet article 121 avec les articles des Codes.

La nécessité d'une permission ou déclaration donnée par un tribunal français, afin que le jugement étranger puisse recevoir son exécution en France, repose, comme nous venons de le voir, sur le droit de souveraineté, et les juges accordent cette permission au nom du souverain qui les a institués. Il s'ensuit que la mission conférée aux tribunaux français par les articles 2123,

---

[1] Boitard, p. 3o3.

2128 et 546 a un caractère spécial : elle diffère essentiellement de leur mission ordinaire pour l'administration de la justice en France. Cette dernière mission renferme à la fois le pouvoir de statuer sur les droits contestés entre les parties litigantes, et celui de délivrer l'ordre d'exécuter les décisions. La mission contenue aux articles 2123, 2128 et 546 est uniquement dans l'intérêt de la souveraineté territoriale : elle ne concerne nullement l'intérêt individuel des parties qui figurent au jugement étranger [1].

Le tribunal français ne saurait donc autoriser l'exécution d'un jugement étranger qui serait contraire à la souveraineté de la nation française, au droit public des Français ou à la morale publique [2]. En conséquence, les tribunaux français saisis d'une demande tendant à l'exécution d'un jugement rendu à l'étranger, peuvent et doivent refuser l'exécution de toutes les dispositions qui tombent dans les catégories que nous venons d'indiquer. Ainsi on n'exécutera pas une disposition qui autorise le bénéficiaire du jugement à arrêter un esclave qui se sera réfugié en France, ou à lui infliger des châtiments ; une disposition qui consacre la polygamie, l'inceste, ou une convention réprouvée par la morale, ou qui déclare valable et devant sortir ses effets une convention par laquelle un individu s'est engagé à introduire en fraude des marchandises en France, ou à fournir, pendant la guerre, des munitions ou autres

---

[1] Cette doctrine a été également exprimée par M. Pardessus, n° 1488, 1°. *V.* ci-dessus la note au n° 283, où nous avons rapporté le passage de l'auteur.—MM. Bioche et Goujet, dans leur Dictionnaire de procédure, v° Exécution, § 4, art. 3, n° 57, penchent également vers cette opinion.

[2] V. *supra*, n° 13 (*Revue étrangère*, t. VII, p, 96).

objets aux ennemis de la nation [1] ; un jugement qui autoriserait l'exercice, sur le territoire français, de la contrainte par corps hors les cas exprimés dans nos lois, ou la translation du débiteur incarcéré en France dans une prison étrangère ; ou enfin une disposition qui déclarerait soumis au lien féodal ou fidéicommissaire un immeuble situé en France. On pourrait ajouter, avec l'arrêt de la cour royale de Grenoble, cité plus haut, le cas où le sujet français a été assigné devant un juge étranger et distrait par là de la juridiction de son souverain [2].

Mais hors ces cas, rien n'empêche, en règle générale [3], que le tribunal français ne déclare purement et simplement exécutoire le jugement rendu à l'étranger, sans entrer dans l'examen du bien ou mal jugé de la même sentence [4].

En se bornant à exiger un ordre d'exécution délivré par un tribunal français, les auteurs des Codes ont reconnu que c'était là tout ce qu'il fallait pour maintenir la dignité de la nation ou du souverain vis-à-vis l'État étranger dont les tribunaux ont rendu le jugement qu'il s'agit d'exécuter en France. Si les auteurs des Codes

---

[1] V. *suprà*, n° 62, 2ᵉ Exception (*Revue étrangère*, t. VII, p. 630).

[2] Le créancier piémontais avait fait usage de l'art. 14 du Code civil. Il est difficile, à la vue de cette assertion de la cour de Grenoble, de ne pas rappeler la maxime qui forme la rubrique du tit. 2, liv. II, du Digeste : *Quod quisque juris in alterum statuerit, ut ipse eodem jure utatur.*

[3] L'exception, ainsi que nous le verrons à l'instant, est écrite dans l'art. 121 de l'ordonnance de 1629.

[4] C'est en ce sens qu'a statué un jugement du tribunal de première instance de la Seine, du 6 juillet 1831. *Gazette des Tribunaux* du 22 du même mois.

avaient jugé nécessaire ou utile d'aller plus loin, de protéger les intérêts privés de tout individu, regnicole ou étranger, qui a succombé dans un procès à l'étranger, et qui se trouve actuellement en France ou y possède de la fortune; s'ils avaient voulu ouvrir, en conséquence, à cet individu une nouvelle arène devant les tribunaux français pour toutes les exceptions et moyens de défense qu'il a déjà fait valoir devant les juges étrangers, ou qu'il a découverts depuis le jugement, certes c'était dans les art. 2123 du Code civil et 546 du Code de procédure civile, qu'il fallait exprimer cette intention. Or, non-seulement le texte de ces articles garde un silence absolu sur ce point, mais encore les monuments de la discussion n'offrent pas le plus léger indice d'une semblable intention du législateur. D'autre part, on ne saurait supposer que les auteurs des Codes aient entendu charger les tribunaux d'un surcroît de travaux en faveur de quiconque avait succombé dans un procès plaidé à l'étranger, donc aussi en faveur des sujets étrangers, tandis qu'en général le texte des Codes ne prouve rien moins qu'une grande prédilection de leurs auteurs en faveur des étrangers.

De tout ce qui précède, il faut conclure que la révision du fond des jugements étrangers n'a pas du tout été dans l'intention des auteurs de nos Codes.

Passons à la seconde proposition. — La lettre des articles cités veut que le jugement étranger soit déclaré exécutoire en France; en d'autres termes, c'est la décision étrangère qui doit être exécutée. Le système que nous repoussons autorise le tribunal français à entrer dans l'examen du fond, comme si rien n'avait été jugé en pays étranger; il admet les parties à plaider la cause, à débattre tous leurs moyens. Évidemment, si le tribunal statue après ces débats, il rend un jugement nouveau : ce que l'on exécutera, ce ne sera pas le jugement étranger, mais le jugement français[1]. Donc ce système se trouve en opposition avec le texte des articles cités.

Des deux propositions que nous venons de développer, il résulte que si les art. 2123, 2128 et 546 étaient les seules dispositions législatives en vigueur sur la matière, et si l'art. 121 de l'ordonnance de 1629 n'existait plus, les tribunaux français saisis d'une demande tendant à faire déclarer exécutoire un jugement étranger, n'auraient aucun pouvoir de le réviser dans l'intérêt de l'une des parties, ou d'accueillir les exceptions de forme ou les moyens de fond qu'opposerait la partie qui a succombé à l'étranger : car, encore une fois, il résulte du texte de ces articles et des monuments de la discussion, que la mission conférée aux tribunaux par les mêmes articles a pour but unique de protéger l'intérêt de la souveraineté, et non pas de protéger l'intérêt privé des parties.

Nous arrivons maintenant à l'art. 121 de l'ordonnance de 1629, pour combiner ses dispositions avec celles des art. 2123, 2128 et 546.

Quant à la première de ces dispositions, l'interprétation et l'application qu'elle a reçues avant la publication des Codes[2], démontrent à l'évidence que cette disposition a le même sens qui a été attribué plus tard, dans la discussion du Code de procédure civile, aux art. 2123 et 2128 du Code civil et 546 du Code de procédure civile : c'est que, par une conséquence nécessaire de la souve-

---

[1] V. *infrà*, les motifs des arrêts des cours royales de Nîmes et de Bordeaux.

[2] V. *suprà*, n° 281.

raineté appartenant au roi ou à la nation française, les jugements et actes étrangers ne sauraient avoir par eux-mêmes aucune autorité d'exécution en France, et qu'ils n'obtiennent cette autorité que par l'ordre d'exécution émané d'un tribunal français.

Ainsi, la première disposition de l'art. 121 se confond avec celles des art. 2123, 2128 et 546, pour ne former ensemble qu'une seule règle générale, celle que nous avons énoncée ci-dessus.

Cette règle générale admet une exception qui se trouve établie par le texte de la troisième disposition de l'art. 121 : c'est que le Français au préjudice duquel un jugement a été rendu en pays étranger, peut de nouveau débattre ses droits comme entiers devant le tribunal français saisi de la demande à fin d'exécution ; en d'autres termes, il peut, devant ce tribunal, faire valoir tous ses moyens de forme ou de fond, sans distinguer s'il les a déjà invoqués ou non devant le tribunal étranger. A l'égard du Français poursuivi en vertu d'un jugement rendu à l'étranger, la mission du tribunal est plus étendue qu'elle ne l'est à l'égard de l'étranger qui a succombé devant les juges étrangers.

L'art. 121 n'établit ce droit qu'en faveur des Français, et non pas en faveur de tout individu contre lequel l'exécution d'un jugement étranger est réclamée en France : nous avons démontré qu'on ne saurait déduire des art. 2123, 2128 et 546 une mission générale des tribunaux en ce sens. Donc elle n'existe pas, et les tribunaux français n'ont pas le pouvoir de statuer sur les exceptions et défenses opposées par un étranger au jugement rendu à son préjudice hors de France, c'est-à-dire de réviser ce jugement.

287. Nous croyons avoir démontré combien est fondé

le premier des deux systèmes qui ont été présentés en matière d'exécution des jugements rendus à l'étranger ; nous allons maintenant exposer le second système : nous nous bornerons, à l'exemple de Merlin[1] et de Favard[2], à rapporter les motifs de l'arrêt de la cour de cassation du 19 avril 1819, qui renferment tout ce qu'on peut dire à l'appui de ce système.

« Attendu que les art. 2123 et 2128 du Code civil, » et 546 du Code de procédure civile, n'autorisent pas » les tribunaux à déclarer les jugements rendus en pays » étranger exécutoires en France sans examen ; qu'une » semblable autorisation serait aussi contraire à l'insti- » tution des tribunaux que l'aurait été celle d'en accor- » der ou d'en refuser l'exécution arbitrairement et à vo- » lonté ; que cette autorisation, qui d'ailleurs porterait » atteinte au droit de souveraineté du gouvernement » français, a été si peu dans l'intention du législateur, » que lorsqu'il a dû permettre l'exécution sur simple » *pareatis*, des jugements rendus par des arbitres revê- » tus du caractère de juges, il a eu le soin de ne confier » la faculté de délivrer l'ordonnance d'*exequatur* qu'au » président, et non pas au tribunal, parce qu'un tribu- » nal ne peut prononcer qu'après délibération, et ne » doit accorder, même par défaut, les demandes formées » devant lui, que si elles se trouvent justes et bien vé- » rifiées (art. 116 et 150 du Code de procédure civile) ;

» Attendu enfin que le Code civil et le Code de procé- » dure ne font aucune distinction entre les divers juge- » ments rendus en pays étranger, et permettent aux » juges de les déclarer tous exécutoires ; qu'ainsi ces

---

[1] Questions de droit, v° Jugement, § 14, n° 2.
[2] V° Exécution des jugements et actes civils, § 1, n° 4.

» jugements , lorsqu'ils sont rendus contre des Français,
» étant incontestablement sujets à examen sous l'empire
» du Code civil, comme ils l'ont toujours été, on ne
» pourrait pas décider que tous les autres doivent être
» rendus exécutoires autrement qu'en connaissance de
» cause, sans ajouter à la loi, et sans y introduire une
» distinction arbitraire aussi peu fondée en raison qu'en
» principe. »

Nous avons déjà cité, au n° 285 , les arrêts des cours royales qui ont prononcé dans le même sens : nous ajouterons ici, pour compléter l'argumentation en faveur du second système , des extraits des considérants des arrêts de Nîmes et de Bordeaux :

« Attendu (y est-il dit) qu'il est de principe de droit
» public en France qu'aucune décision judiciaire émanée
» des tribunaux étrangers ne peut recevoir d'exécution
» dans le royaume, qu'autant que les tribunaux français
» se la sont appropriée, en y apposant le mandement
» de justice ; — que le droit des tribunaux du royaume
» d'ordonner ou de refuser l'exécution des jugements
» étrangers, entraîne celui d'en vérifier le bien jugé,
» tant sous le rapport du fait que sous celui du droit. »
. . . . . « Que la partie assignée devant les tribunaux
» français, pour voir déclarer exécutoire contre elle un
» jugement rendu en pays étranger, a le droit de se dé-
» fendre par tous les moyens de droit, soit dans la
» forme, soit dans le fond, et de la même manière que
» si le jugement n'existait pas. »

En conséquence, le principe suivi aujourd'hui en France a été formulé de la manière suivante par Toullier [1] : « La loi ne considère, s'il est permis de parler

---

[1] Tome X , n°ˢ 81 et 82.

» ainsi , que l'*extranéité* du pouvoir dont le jugement
» émane ; elle ne distingue ni les matières ni les per-
» sonnes. Ainsi toute personne , étrangère ou française,
» à laquelle on oppose un jugement rendu à l'étranger,
» peut débattre ses droits comme entiers devant les tri-
» bunaux français[1]. »

Examinons successivement les divers arguments contenus dans l'arrêt de 1819.

Nous ne contestons pas au tribunal français le droit
d'apprécier le jugement étranger dont l'exécution lui est
demandée. Mais il s'agit de savoir jusqu'où doit s'é-
tendre cet examen.

Nous avons expliqué au n° 286 ci-dessus , la nature
du pouvoir que les art. 2123, 2128 et 546 attribuent
aux tribunaux. Il est évident que ce pouvoir suffit pour
garantir de toute atteinte l'intérêt que l'indépendance
ou la souveraineté de la nation française peut avoir dans
les débats d'une affaire entre particuliers. C'est donc à
cet intérêt que doit se borner, en règle générale, l'examen du tribunal.

La circonstance que le législateur a chargé le tribunal entier de procéder à la déclaration d'exécution des
jugements étrangers, tandis que, dans d'autres cas
(art. 1021 du Code de procédure civile; art. 61 du Code
de commerce), il a confié cette mission au président
seul, s'explique facilement dans notre système. Dans

---

[1] L'auteur d'un article publié dans le *Mémorial du Commerce* ,
1842 , part. 2 , p. 433 , affirme que la jurisprudence est fixée en ce
sens que « l'*exequatur* des tribunaux français se borne à un simple
pareatis, toutes les fois qu'il n'y a pas d'intérêts français engagés dans
le débat » (c'est-à-dire que le jugement étranger n'est pas rendu
au préjudice d'un Français). Il faut avouer que c'est mettre les *pia
desideria* à la place de la réalité.

les cas que nous venons de citer, la déclaration d'exécution se réduit à une simple formalité, parce qu'elle doit être donnée sans aucune modification de la sentence ; et dès lors rien n'empêchait de la placer dans les attributions du président seul. L'ordre d'exécution d'un jugement étranger n'est point une simple formalité, ainsi que nous l'avons démontré ci-dessus : il exige une délibération préalable, et la vérification des dispositions du jugement ; par suite, la délivrance de cet ordre a été placée dans les attributions du tribunal entier [1].

A la vérité, les articles 2123, 2128 et 546 n'établissent aucune distinction entre le cas où le jugement rendu à l'étranger l'a été au préjudice d'un Français, et celui où il l'a été au préjudice d'un étranger ; ils placent sur la même ligne ces deux espèces de jugements. Mais cette assimilation se borne nécessairement à l'objet des mêmes articles (*secundum subjectam materiam*) : cet objet est le pouvoir accordé par le législateur aux juges français de délivrer un ordre d'exécution des jugements rendus à l'étranger, ou de déclarer ces jugements exécutoires en France. Donc, *sur ce point*, les deux espèces de jugements étrangers sont placées sur la même ligne. Mais l'assimilation ne va pas plus loin ; elle ne s'étend pas de droit à des objets réglés par d'autres lois : donc elle ne s'étend pas à l'objet de la seconde partie de l'art. 121 de l'ordonnance, c'est-à-dire à la faculté que cette disposition accorde au Français de faire valoir ses droits comme entiers. Pour soutenir, comme l'a fait le rédacteur de l'arrêt du 19 avril 1819, que les jugements rendus à l'étranger au préjudice d'un étranger sont aujourd'hui placés sur la même ligne que ceux qui portent des con-

---

[1] Boilard, t. III, p. 3o3.

damnations contre un Français, il aurait fallu que les articles 2123, 2128 et 546 se référassent à la seconde partie de l'art. 121, ce qui n'a pas eu lieu. Donc la distinction établie par cette disposition continue à subsister.

288. Après avoir ainsi réfuté les divers arguments contenus dans les motifs de l'arrêt du 19 avril 1819, il ne nous reste que peu de mots à dire sur les motifs des autres arrêts, et particulièrement sur ceux des arrêts de Nîmes et de Bordeaux que nous avons rapportés ci-dessus.

Ces motifs ont leur base unique dans l'erreur que leurs rédacteurs ont commise en confondant et regardant comme identiques le pouvoir de déclarer exécutoire un jugement rendu à l'étranger et celui d'en examiner le bien jugé dans l'intérêt des parties, ou, en d'autres termes, de faire droit sur les moyens du défendeur, comme si le jugement n'existait pas. Nous avons démontré ci-dessus que ces deux pouvoirs sont distincts et séparés ; que le droit accordé aux tribunaux par les art. 2123, 2128 et 546, de déclarer exécutoire le jugement étranger, implique le pouvoir de vérifier les dispositions de ce jugement seulement en ce qui concerne l'intérêt de la nation et sa souveraineté, mais non le pouvoir de s'occuper des intérêts privés des parties ; et que l'examen du jugement, sous ce dernier rapport, appartient au tribunal dans le seul cas où le jugement étranger prononce des condamnations contre un Français.

C'est donc une erreur de soutenir que les tribunaux français, en déclarant exécutoire un jugement étranger, « s'en approprient la décision, et rendent ainsi un nouveau jugement qui est alors exécuté [1]. » Le texte des art. 2123 et 546 dit positivement que le jugement étranger subsiste ; car il porte que « ce jugement sera déclaré exécutoire. »

289. Pour terminer l'exposé des deux systèmes, nous rapporterons trois documents, dont les deux premiers offrent un résumé de notre doctrine. Ces documents sont : 1° les propositions soutenues par M. Maniez, dans le mémoire dont nous avons parlé *suprà*, n° 285 ; 2° les motifs de l'arrêt de la cour royale de Paris, du 13 mai 1820 ; 3° une lettre officielle qui explique la manière dont les tribunaux français appliquent les articles 2123 du Code civil et 546 du Code de procédure civile.

290. M. Maniez s'exprime dans les termes suivants : —
« 1° La révision des jugements étrangers n'est pas une
» conséquence nécessaire de l'indépendance respective
» des nations ; — 2° cette indépendance exige seulement
» que le jugement étranger ne puisse s'exécuter que par
» l'intervention et du consentement de la puissance pu-
» blique du pays où l'on veut suivre l'exécution de ce
» jugement. En d'autres termes, l'existence de la chose
» jugée est tellement subordonnée à celle du droit
» d'exécution, qu'elle doit prendre fin là où ce droit
» ne peut plus s'exercer ; — 3° il est suffisamment rendu
» hommage au principe de l'indépendance respective
» des nations, par cela seul qu'une demande en exécution
» du jugement étranger doit être préalablement adressée
» au tribunal du lieu où l'on désire exécuter ce juge-
» ment ; et soumettre le point litigieux à un nouveau

---

1 Ainsi que l'affirme M. Persil, à l'endroit cité, p. 395.

» débat, serait en réalité porter atteinte au principe
» d'indépendance ci-dessus invoqué, puisqu'il y aurait
» ainsi acte de puissance de la part d'une souveraineté
» sur une autre ; — 4° Le droit de révision procède uni-
» quement du devoir de protection que chaque souve-
» raineté doit aux citoyens ou sujets qui vivent sous ses
» lois ; et, s'il en est ainsi, cette faculté, tout excep-
» tionnelle et établie seulement en faveur des regni-
» coles, doit être restreinte aux seuls cas explicitement
» prévus par la loi ; — 5° Les articles 2123 du Code ci-
» vil et 546 du Code de procédure civile n'ont pas in-
» troduit un droit nouveau ; ils n'ont fait que sanction-
» ner l'ordonnance de 1629, et cette ordonnance n'est
» plus aujourd'hui en vigueur ; — 6° Les dispositions
» de l'article 121 de cette ordonnance avaient pour ob-
» jet, d'une part, l'intérêt de la puissance publique
» française ; de l'autre, celui des regnicoles ; de telle
» sorte que la distinction faite, sous l'ancienne législa-
» tion, entre le cas où le jugement étranger avait été
» rendu contre un Français, et celui où il l'avait été
» entre ou contre étrangers, doit continuer à être ad-
» mise. »

Voici les principaux motifs de l'arrêt du 13 mai
1820 [1] : — « Attendu que les jugements rendus réguliè-
» rement et en dernier ressort par les tribunaux étran-
» gers ont, pour les étrangers qui en sont justiciables,
» l'autorité de la chose jugée, non-seulement dans leur
» pays, mais encore dans tous ceux où ils résident ; — Que
» ce principe a été reconnu par la loi française qui veut
» que les jugements étrangers deviennent exécutoires en

---

[1] Dalloz, Recueil alphab., t. VI, p. 490.

» France, lorsque les tribunaux français les ont déclarés
» tels ; — Qu'en effet, si les juges étrangers n'ont pas le
» droit d'ordonner l'exécution de leurs jugements, aux
» agents de l'autorité française, il y a été pourvu par les
» articles 546 du Code de procédure civile et 2123 du
» Code civil, qui veulent que ces jugements soient exé-
» cutés en France lorsque les tribunaux français les au-
» ront déclarés exécutoires ; que ces expressions de la
» loi supposent l'existence d'un jugement souverain au-
» quel il manque seulement la force d'exécution, mais
» ne peuvent faire naître l'idée d'un nouvel examen du
» fond du procès; que la révision du procès est hors de
» la compétence des tribunaux français, qui, d'ailleurs,
» ne pouvant connaître les lois, les usages et la juris-
» prudence de toutes les nations, seraient le plus sou-
» vent dans l'impossibilité de juger avec connaissance
» de cause ; — Que si le Code civil a donné aux tribu-
» naux plutôt qu'à un seul juge le pouvoir de conférer
» la force d'exécution, cette circonstance ne peut chan-
» ger la nature de l'acte ; qu'il en résulte seulement que
» le législateur a voulu que les jugements étrangers ne
» fussent déclarés exécutoires en France, qu'après qu'il
» aurait été mûrement examiné si ces jugements ont été
» rendus régulièrement, s'ils ont acquis l'autorité de la
» chose jugée, et si leur exécution en France ne serait
» pas contraire aux droits et usages du royaume, ce qui
» ne peut être décidé que parties ouïes et après déli-
» bération; —Attendu que ce principe, applicable seule-
» ment au cas des jugements rendus en pays étranger
» entre étrangers, ne porte point atteinte au droit
» qu'a tout Français, jugé en pays étranger, de débattre
» de nouveau ses intérêts devant les tribunaux français,
» ses seuls juges naturels. »

292. Une lettre de M. le ministre des affaires étrangères, en date du 29 juin 1836, qui a été produite devant les tribunaux du grand-duché de Bade dans la cause Pouget contre Charlier De la Martinière [1], expose dans les termes suivants la manière dont les tribunaux français appliquent les articles 2123 du Code civil et 546 du Code de procédure civile : « Les tribunaux » français, saisis d'une requête en *exequatur* d'un ju- » gement rendu en pays étranger, maintiennent intacte » la souveraineté de la justice du pays ; ils n'admettent » l'instance qu'après que le demandeur a assigné la par- » tie adverse devant eux et reconnu ainsi leur juridic- » tion et leur droit à réviser au fond le jugement dont » on leur demande l'exécution. Mais si ce jugement ne » statue que sur des intérêts privés, si l'équité de ses » dispositions ne présente aucune incertitude, et si ces » mêmes dispositions n'ont rien de contraire au droit » public français, il est d'usage constant que le tribunal » en ordonne l'exécution pure et simple. »

293. Nous avons déjà fait pressentir que notre opinion sur le véritable sens des articles 121 de l'ordonnance de 1629, 2123 et 2128 du Code civil, et 546 du Code de procédure civile, n'a pas été admise par la jurisprudence. C'est au contraire l'opinion opposée à la nôtre qui est suivie par les cours et tribunaux : à de rares exceptions près, la jurisprudence est fixée en ce sens que quiconque, Français ou étranger, au préjudice duquel un jugement a été rendu par un tribunal étranger, et contre lequel la partie intéressée demande en France la mise à exécution du même jugement, est

---

[1] V. *suprà*, n° 223.

fondé à opposer de nouveau, devant les tribunaux français, toutes les exceptions et tous les moyens de défense qu'il juge à propos de faire valoir, qu'il les ait déjà présentés ou non devant le tribunal étranger.

Cette jurisprudence des cours et tribunaux de France est connue dans les pays étrangers, et de là vient que les législateurs et les tribunaux de ces pays, usant de mesures de rétorsion envers la France, refusent également l'exécution aux jugements rendus en France [1], qu'ils aient été prononcés au préjudice d'un sujet du même État ou d'un Français, ou bien du sujet d'un autre État. Il est inutile de faire remarquer combien cet état de choses est préjudiciable aux Français qui ont des intérêts à débattre dans les pays étrangers.

294. Pour traiter la matière d'une manière complète, nous entrerons dans quelques détails sur plusieurs questions qui se sont présentées ou qui peuvent se présenter : les arrêts et jugements que nous allons citer sont tous rendus dans le sens de la jurisprudence dont nous avons parlé au numéro précédent.

295. Les tribunaux civils sont seuls compétents pour déclarer exécutoires les jugements rendus en pays étranger, bien que la condamnation ait une cause commerciale [2] : car il s'agit d'exécution, et on peut invoquer l'analogie de l'art. 442 du Code de procédure civile.

---

[1] V. *suprà*, les articles Autriche (n° 210), Prusse (n° 211), Bavière (n° 217), Bade (n° 223), Électorat de Hesse (n° 224) grand-duché de Hesse (n° 226), etc.

[2] Arrêt de la cour royale de Bordeaux, du 22 janvier 1840. Dalloz, 1840, II, 167.

M. Chauveau [1] ne partage pas cet avis. L'auteur adopte le système qui admet la révision de tous les jugements rendus en pays étranger ; par suite, il soutient que la discussion nouvelle et préalable au fond ne peut avoir lieu que devant le tribunal de commerce, seul compétent en ces matières.

296. Le principe que le jugement étranger peut être révisé en France, trouve son application non-seulement au cas où l'exécution est poursuivie devant un tribunal siégeant sur le territoire français, mais encore lorsqu'elle est réclamée devant un consul français établi à l'étranger : ce dernier peut, avant de revêtir le jugement de son *exequatur*, le réviser d'après les règles du droit public [2].

297. Nous avons fait remarquer ci-dessus, n° 281, et en citant un arrêt de la cour de cassation du 18 pluviôse an XII, que le Français qui s'est porté demandeur devant les tribunaux étrangers, et qui y a succombé, peut néanmoins faire valoir de nouveau ses droits en France lorsque l'exécution du jugement étranger est demandée contre lui. Cette jurisprudence n'a pas varié, et on ne saurait soutenir que la cour de cassation, par ses arrêts du 15 novembre 1827 et du 14 février 1837 [3], soit revenue sur la décision portée par son arrêt de l'an XII. Les arrêts de 1827 et 1837 ont jugé que le Français peut renoncer aux droits qui lui sont attribués par l'art. 14 du Code civil, que cette

---

[1] Troisième édition des lois de proc. civ. de Carré, sur l'art. 546, quest. 1900 *bis*.

[2] Arrêt de la cour royale d'Aix, du 5 février 1832, Dalloz, 1832, II, 178.

[3] V. *suprà*, n° 139.

renonciation résulte de ce qu'il se porte demandeur en pays étranger, et qu'elle a pour effet de l'empêcher de saisir ultérieurement les tribunaux français de la connaissance de la même cause [1]. Mais il ne suit pas de là que le jugement rendu à l'étranger au préjudice du Français qui s'y était porté demandeur, ait en France l'autorité de la chose jugée, et puisse être mis à exécution contre le Français sans être soumis à la révision. Il faut distinguer deux ordres d'idées. Le Français qui a formé une demande en pays étranger est non recevable à reporter ensuite la même demande devant les tribunaux français ; mais l'étranger qui a obtenu gain de cause devant les tribunaux de son propre pays contre le demandeur français, ne peut obtenir *de plano*, en France, l'exécution du jugement : le Français peut toujours, lorsque cette exécution est demandée en France, réclamer la révision du jugement, ou, en d'autres termes, faire valoir contre ce jugement tous les moyens de fait et de droit qui militent en sa faveur.

298. Un troisième cas peut se présenter. Un Français a été traduit devant un tribunal étranger, à la requête d'un étranger : le Francais défendeur a consenti à plaider devant la juridiction étrangère, et il a succombé. Le jugement a-t-il, en France, l'autorité de la chose jugée, et le tribunal peut-il accorder un exécutoire sans

---

[1] Il faut se garder de confondre l'hypothèse des arrêts de 1827 et 1837 avec celle d'un arrêt de la cour royale de Paris, du 14 juillet 1809 (Sirey, 1812, II, 359 et 360). Dans l'espèce de ce dernier, le Français demandeur à l'étranger avait formellement renoncé en justice à la prétention qu'il essayait de reproduire en France. Il n'avait donc pas seulement reconnu la compétence des tribunaux étrangers, mais il avait au fond renoncé à ses prétendus droits, et c'est cette dernière renonciation qui fait la base de l'arrêt.

examiner préalablement, au fond, le mérite du jugement ? D'après la jurisprudence constante, cette question semble devoir être résolue négativement. Cependant, le tribunal de première instance de la Seine paraît
avoir consacré l'affirmative par jugement du 2 mai 1838[1].
Du reste, il va sans dire que les tribunaux français
doivent être plus faciles à déclarer exécutoire un jugement rendu à l'étranger dans les circonstances ci-dessus,
qu'ils ne le seront en règle générale.

299. Le principe d'après lequel un jugement rendu
en pays étranger ne peut être exécuté en France, à
cause de l'extranéité du pouvoir dont il émane, peut
faire naître différentes questions en cas de réunion ou
de séparation de territoires.

Ainsi, en cas de réunion du pays où un jugement a
été rendu, à l'État dont le sujet a été condamné par ce
jugement, les droits respectifs des parties demeurent
intacts : alors, comme avant la réunion, le sujet condamné par un tribunal qui était étranger au moment où
il a prononcé, conserve le droit de faire considérer ce
jugement comme non avenu ; la réunion n'a apporté
aucun changement aux droits alors acquis aux deux
parties : la partie autrefois étrangère a été réunie avec
tous ses droits, actions et exceptions. En conséquence,
il a été jugé[2] que les jugements rendus en France contre
des étrangers demandeurs ne sont pas devenus exécu-

---

[1] V. *Gazette des tribunaux* des 26 avril et 3 mars 1838. Dans le
numéro du 3 mai, il faut lire *l'exécution*, au lieu de *la garantie*.

[2] Arrêt de la cour de cassation (rejet) du 18 thermidor an XII,
Questions de droit, v° Réunion. Sirey, t. 5, I, 73. Répertoire,
v° Réunion, § 1 (t. 12, p. 19 de la 4e édit.). Grenier, des hypothèques,
t. I, n° 218. M. Troplong, des hypothèques, t. II, n° 456 et 457.

toires de plein droit dans les pays où ceux-ci ont leur domicile, par la réunion de ces pays au territoire français[1]. Il en serait autrement lorsque la convention diplomatique qui opère la réunion d'un pays étranger à la France, déclare que « tout acte..... judiciaire émané » des autorités compétentes serait respecté. » Telle est, en effet, la disposition d'un traité conclu entre la France et la Prusse, le 23 octobre 1829, et qui règle les limites de ces deux États. Dans ce cas, le jugement rendu antérieurement à la réunion, contre un Français demandeur, par les tribunaux du pays réuni, aurait en France l'autorité de la chose jugée[2], *et vice versâ*.

En cas de séparation de deux pays qui jusque-là n'en formaient qu'un seul, le jugement rendu et passé en force de chose jugée avant la séparation conserve son autorité, même dans le pays autre que celui où siége le tribunal qui a rendu le même jugement; car la séparation politique ne saurait détruire les droits acquis des sujets. Telle est l'opinion de Grenier[3], de Toullier[4], de MM. Troplong[5] et Dalloz[6]. De là il suit qu'un jugement rendu en 1813 par un tribunal du pays formant aujourd'hui la Prusse rhénane, et qui faisait alors partie

---

[1] L'arrêt de cassation, du 29 mars 1809, et celui de la cour de Lyon (sur renvoi), du 10 avril 1810 (Répert., v° Réunion, § 1), n'ont pas jugé en sens contraire à celui du 18 therm. an XII. Il s'agissait de la matière spéciale des prises maritimes, où la juridiction appartient exclusivement aux tribunaux du domicile du capteur.

[2] Arrêts de la cour royale de Metz, du 26 mai 1835 et du 10 février 1836; Dalloz, 1838, II, 153.

[3] Des hypothèques, t. I, n° 220 et 221.

[4] T. X, n° 93.

[5] Des hypothèques, t. II, n° 458.

[6] Jurisprudence générale, t. VI, p, 491, n° 1.

intégrante de la France, conserve l'autorité de la chose jugée, tant en France que dans la Prusse rhénane, au profit de chacune des parties [1]. La cour royale de Paris s'est prononcée en sens contraire par arrêt du 29 mars 1817 [2]. Cet arrêt décide qu'un arrêt rendu le 20 juillet 1812, au profit du marquis de Crouza contre la duchesse de Mortemart, par la cour impériale de Gênes, ville qui faisait alors partie du territoire français, ne peut recevoir d'exécution en France depuis la séparation de Gênes et sa réunion au Piémont. Les trois auteurs cités ont réfuté les motifs de cet arrêt.

Par contre il a été jugé, avec raison, que le jugement rendu par un tribunal français, devenu étranger par suite de séparation de territoire, devient jugement étranger par cela seul que, sur l'appel interjeté avant cette séparation, une cour étrangère, en déclarant l'appel périmé par défaut de poursuites, a donné au jugement force de chose jugée : dans ce cas, ce jugement ne peut plus être exécuté en France [3].

300. Il a été soutenu que les jugements rendus à l'étranger sur des questions d'État entre étrangers ont, *de plano*, en France, l'autorité de la chose jugée, et

---

[1] Seulement, dans ce cas, le jugement ne peut être exécuté dans un territoire autre que celui auquel appartient aujourd'hui le lieu où siége le tribunal qui a prononcé, en vertu de la simple expédition délivrée par le greffier de ce tribunal : il faut, à cet effet, que cette expédition ait été revêtue du *pareatis* délivré par un tribunal français. Arrêt de la cour royale de Lyon, du 6 décembre 1839. Dalloz, 1840, II, 106. Dictionnaire général, v° Étranger, n° 238, 2° (au supplément).

[2] Sirey, 1818, II, 172.

[3] Arrêt de la cour royale d'Aix, du 10 avril 1823. Dalloz, 1838, II, 106.

ne peuvent être soumis à un nouvel examen. Mais rien n'autorise cette distinction, et Merlin [1] a complétement réfuté les arguments sur lesquels on a prétendu la baser. Le principe d'après lequel l'état et la capacité de la personne sont régis par la loi de son domicile, ne s'applique qu'au fond du droit; il n'exerce aucune influence sur la compétence des autorités chargées de statuer. Le principe veut seulement que les questions de ce genre soient jugées, au fond, suivant la loi du domicile de l'individu. L'étranger cité par un autre étranger devant les tribunaux français pour voir statuer sur une question d'État, n'a d'autre moyen d'échapper à cette juridiction que d'opposer le déclinatoire motivé sur le principe que deux étrangers non domiciliés en France ne sont pas reçus à s'actionner l'un l'autre devant les tribunaux français [2].

301. On a soutenu quelquefois que, par analogie du principe qui permet à deux étrangers de plaider devant les tribunaux français en matière commerciale [3], les jugements rendus à l'étranger en cette matière devraient sortir leurs effets en France. Mais le principe qui refuse toute autorité aux jugements étrangers est général, et la cour suprême a rejeté, par son arrêt du 18 pluviôse an XII [4], la distinction que nous venons d'énoncer. On

---

[1] Répertoire, v° Faillite et banqueroute, sect. 2, § 4, art. 10, n° 2. Sur la cause du prince de Nassau, dont il est parlé en cet endroit, *V.* Reuss, Chancellerie d'état allemande (*Deutsche Staatskanzlei*), t. XIV, p. 50 et suiv.

[2] *V. suprà*, n° 111 et suiv.

[3] *V. suprà*, n° 117.

[4] Questions de droit, v° Jugement, § 14, 4°. — *V.* aussi le plaidoyer de Merlin, du 15 juillet 1811 (Répertoire, v° Jugement, § 7 *bis*).

y lit « que les expressions générales de l'article **121** ne
» souffrent aucune exception....., entre le cas où l'affaire
» sur laquelle est intervenu un jugement étranger est
» commerciale ou purement civile. »

302. Par application du principe indiqué au n° **293** il
a été jugé, non-seulement que les condamnations pécuniaires prononcées par des jugements étrangers ne
peuvent être mises à exécution en France sans qu'au
préalable ces jugements aient été déclarés exécutoires,
mais encore que, sous tous les autres rapports, les jugements étrangers n'ont point l'autorité de la chose
jugée en France, à moins qu'ils n'aient été déclarés exécutoires par un tribunal français.

Voici différents monuments de la jurisprudence qui
se prononcent en ce sens :

a. La décision d'une autorité étrangère qui accorde à
une maison de commerce également étrangère un **sursis**
(*moratorium*) aux poursuites de ses créanciers [1], n'empêche pas qu'il soit pratiqué en France des saisies-arrêts au préjudice de cette même maison de commerce,
arrêt de la cour de Bordeaux, du 5 février **1813** [2].

b. Le jugement étranger qui a admis le débiteur,
étranger ou français, au bénéfice de la cession, ne peut
être opposé, en France, aux créanciers français de cet

---

[1] Ces sursis sont usités en Allemagne, en Belgique, dans le
royaume des Pays-Bas, etc. Martin, § 269 et 325 ; M. de Linde,
§ 376, 427 et 433. *V.* la *Revue*, t. I, p. 580. C. de procéd. civ. de
Bavière, ch. 18, § 12 ; de Prusse, part. 1, tit. 14 ; de Bade, § 817 et
suiv. ; Arrêté du prince souverain des Pays-Bas, du 25 novembre
1814. Code de commerce des Pays-Bas, liv. III, tit. 2 (*V.* la *Revue*,
t. VI, p. 508). Le Code de proc. civ. d'Autriche (§ 233) a supprimé
ces sursis.

[2] Sirey, 1815, II, 111.

individu. Pour obtenir en France le même bénéfice , le débiteur doit remplir les formalités et faire les justifications exigées par la loi française. Arrêt de la cour de Bruxelles, du 8 mai 1810 ; jugement du tribunal de commerce de la Seine , du 15 décembre 1836. Arrêt de la cour royale de Paris du 18 novembre 1837 [1].

On pourrait admettre une exception pour le cas où le créancier français aurait pris part, en pays étranger, aux discussions qui ont précédé le jugement : en effet, dans cette hypothèse , le jugement pourrait être regardé comme un contrat judiciaire passé du consentement du créancier français , et on pourrait invoquer le principe consacré par les arrêts de la cour de cassation des 15 novembre 1827 et 14 février 1837 [2].

c. L'étranger déclaré failli dans son pays n'est pas réputé tel en France , et ses créanciers français peuvent néanmoins le faire assigner personnellement devant un tribunal de France. Arrêt de la cour royale de Colmar, du 11 mars 1820, et de la cour de cassation (rejet) du 29 août 1826 [3]. — Nous reporterons *infrà* , nº 303 , et dans la section de la juridiction volontaire , d'autres arrêts sur la même question.

d. Le concordat passé à l'étranger par un failli étranger et homologué par les juges de son pays , ne peut être opposé en France aux créanciers français qui refusent d'y adhérer. Arrêt de la cour royale de Paris , du 25 février 1825 [4].

---

[1] Sirey, 1807, II , 973 ; *Gazette des tribunaux* du 22 novembre 1837. Dalloz, 1838, II, 13. M. Legat, p. 391.

[2] V. *suprà*, nº 139.

[3] Sirey, 1836, II , 428. Dalloz, 1830, I , 404. M. Pardessus, nº 1488 , 2º.

[4] Dalloz, 1825, II , 207. M. Pardessus , nº 1488. 2º.

M. Renouard [1] soutient que les tribunaux français ne peuvent déclarer exécutoire un jugement étranger qui homologue un concordat consenti à l'étranger, soit au profit d'un étranger, soit au profit d'un Français. « Les tribunaux français, » dit l'auteur, « n'ont autorité que sur les faillites ouvertes, instruites et suivies par devant eux. » Nous ne saurions partager cette opinion : les jugements d'homologation du concordat sont soumis aux mêmes règles que tous autres jugements étrangers, et aucun texte ne les en excepte. La raison donnée par M. Renouard nous semble vague, et elle pourrait également être appliquée à tous autres jugements. Il y a donc lieu d'invoquer la maxime : *Qui nimium probat, nihil probat.*

e. L'interdiction prononcée en pays étranger contre un étranger ne peut sortir ses effets en France qu'après que le jugement aura été rendu exécutoire par un tribunal français, et cette interdiction n'empêche pas le prétendu interdit de suivre une action en France. Arrêt de la cour royale de Paris, du 18 septembre 1832 [2].

f. Le jugement étranger qui reconnaît à un étranger la qualité de légataire universel d'un étranger qui a laissé des biens en France, n'est pas exécutoire en France, sans révision, contre le curateur français. Arrêt de la cour royale de Rennes, du 28 mai 1819 [3].

g. Les jugements étrangers non encore déclarés exécutoires dans le royaume, ne constituent pas un titre suffisant pour former une saisie-arrêt en France [4]; le

---

[1] Traité des faillites et banqueroutes, t. II, p. 114.
[2] Dalloz, 1834, II, 26.
[3] Dalloz, jurisprudence générale, t. VI, p. 50.
[4] Arrêts de la cour royale de Paris, des 14 avril 1815 et 27 août

créancier doit préalablement obtenir du président du tribunal une permission de saisir-arrêter.

Mais après une saisie-arrêt formée en pays étranger en vertu d'un jugement rendu en France et déclarée valable en pays étranger, le fait de cette saisie-arrêt et du payement qui a eu lieu en conséquence peut être opposé en France dans un autre procès : il s'agit de l'exécution effectuée, en pays étranger, d'une décision souveraine rendue en France. Arrêts de la cour de cassation des 14 février et 30 juillet 1810 [1].

h. Un jugement étranger qui constate un faux, ne peut servir en France de base à une requête civile, avant qu'il ait été déclaré exécutoire par un tribunal français. Arrêt de la cour royale d'Aix, du 8 février 1839 [2].

303. En résumé, le principe général que les jugements rendus à l'étranger n'ont aucune exécution ni autorité en France, s'applique :

1° Tant au cas où le Français ou l'étranger qui a succombé a été demandeur, qu'à celui où il a été défendeur devant le tribunal étranger [3];

2° Au cas où le tribunal étranger a été exclusivement compétent à statuer sur la contestation, par exemple comme juge de la situation de l'objet litigieux [4];

3° Qu'il s'agisse de matières civiles ou commerciales [5];

4° Qu'il s'agisse de condamnations pécuniaires, ou

1816. Dalloz, 1816, II, 49, Sirey, 1816. II, 369. Lyndrajer, ch. 2, § 17, n° 4. Roger, de la saisie-arrêt, n° 88 et suiv.

[1] Sirey, 1810, I, 243; 1811, I, 91. Roger, n° 91.

[2] Journal des avoués, t. LXI, p. 693 et suiv.

[3] Lyndrajer, ch. II, § 13. V. *suprà*, n° 281.

[4] *Ibid*, § 14.

[5] *Ibid*, § 15. V. *suprà*, n° 301.

qu'on veuille attribuer une autorité quelconque au jugement étranger [1].

304. Les art. 2123 du Code civil et 546 du Code de procédure civile, en ordonnant que les jugements rendus à l'étranger ne seront susceptibles d'exécution qu'après qu'ils auront été déclarés exécutoires par un tribunal français, ne défendent point à ce dernier de prendre en considération, dans l'examen du jugement, les preuves acquises devant les juges dont il est l'œuvre : ainsi les aveux donnés par les parties et constatés par le jugement étranger, les enquêtes auxquelles il a été procédé devant le juge, et tous les autres actes d'instruction ne doivent pas nécessairement être regardés comme non existants par les tribunaux français saisis de la demande à fin d'exécution [2]. A la vérité, le silence de la loi française laisse aux tribunaux un pouvoir discrétionnaire sur ce point ; mais, en exerçant ce pouvoir, ils ne s'écarteront pas des principes admis dans tous les pays et par les jurisconsultes français des temps anciens et modernes. A cette catégorie appartient la maxime que la forme des actes, et, par suite, la foi qui leur est due, sont régies par la loi du lieu où ils ont été faits [3]. Ainsi, une enquête reçue en pays étranger par le tribunal saisi d'une contestation, dans les formes qui y sont prescrites, sur des faits passés dans les mêmes pays, et dont la preuve testimoniale est admissible d'après les

---

[1] V. *suprà*, n° 302.

[2] Emérigon, Traité des assurances, ch. 4, sect. 8. Raviot, Observations sur Perier, t. II, quest. 256, n° 17 ; Grenier, Des hypothèques, t. I, n° 211 ; Toullier, t. X, n° 86 ; Merlin, Questions de droit, v° Suppléant (juge), § 1. Dalloz, Dictionnaire, v° Étranger, n° 258.

[3] V. *suprà*, n° 172.

lois qui y sont en vigueur[1], sera admise par le tribunal français comme pièce probante[2]. En effet, ce tribunal, en prenant cette enquête pour base de sa décision, n'accorde pas l'autorité de la chose jugée à une sentence rendue par le juge étranger : l'enquête est un acte qui n'émane point du juge ; elle n'est pas son ouvrage ; elle a seulement été faite en sa présence. « Les tribunaux français sont obligés d'admettre, » dit Toullier, « comme pièces probantes les contrats reçus par des notaires et revêtus des formes prescrites dans les lieux où les actes sont passés... Les fonctions du juge, dans l'enquête, se bornent à recevoir les dépositions des témoins, comme les notaires reçoivent les conventions faites en leur présence par les parties..... Son autorité n'intervient que pour authentiquer les dispositions qu'il reçoit. Il y a analogie parfaite ou parité entre l'un et l'autre cas :... l'acte et l'enquête sont les seuls moyens de prouver les faits qui fondent les obligations contractées en pays étranger, lorsqu'ils n'ont pu être consignés par écrit. » On les admet, dit le même auteur, *usu exigente et humanis necessitatibus.*

Sans doute, le fait constaté par l'enquête étrangère peut être débattu et contredit, en France, par des preuves contraires ; c'est ce qui résulte nécessairement

---

[1] V. *suprà*, n° 179.

[2] M. Toullier fait erreur en ajoutant, en cet endroit, les mots suivants : « Pourvu qu'elle (l'enquête) n'ait pas été ordonnée dans un cas où l'art. 1341 du C. civ. défend d'admettre la preuve testimoniale ; pourvu encore que les témoins entendus ne soient pas des personnes dont nos lois défendent de recevoir le témoignage. » Nous avons vu, *suprà*, n° 179 et suiv., qu'en matière de preuve testimoniale la loi française ne peut avoir d'application qu'aux faits qui se sont passés dans son territoire.

du droit appartenant au Français qui a succombé devant les tribunaux étrangers, de faire valoir ses droits comme entiers; mais il est incontestable que les témoins entendus sur les lieux ont été mieux à même que toutes autres personnes de connaître la vérité et d'en déposer : donc, à défaut de preuves contraires, on tiendra pour constant le résultat de l'enquête. C'est ce qui a été reconnu dans les considérants d'un arrêt de la cour royale de Bordeaux, du 10 février 1824 [1]. Il s'agissait de savoir si le jugement étranger qui prononce une déclaration de faillite, a autorité en France pour attribuer qualité aux syndics par lui nommés, et pour constater l'époque de l'ouverture de la faillite; la cour s'est prononcée pour l'affirmative par les motifs suivants : « Attendu que l'é- » poque de l'ouverture d'une faillite ne peut être mieux » constatée que par un jugement rendu à cet effet par » le tribunal de commerce..... du lieu; qu'il est vrai » qu'un jugement rendu par le tribunal de commerce » de Rotterdam n'a aucune autorité judiciaire en France : » d'où il résulte que le fait qu'il constate en Hollande » peut être débattu et contredit en France par des » preuves contraires; mais qu'à défaut de preuves cer- » taines, ce fait doit être tenu constant par les tribunaux » français, et que, dans l'espèce, on n'oppose à ce docu- » ment, sur l'époque de l'ouverture de la faillite, aucune » espèce de preuve. » Par ces motifs, la cour, sans prononcer qu'elle déclare exécutoire le jugement étranger, a condamné le débiteur du failli étranger, à verser le montant de la dette entre les mains du syndic [2].

---

[1] Sirey, 1824, II, 119.

[2] Dans des espèces identiques, la cour supérieure de justice de Bruxelles a statué de la même manière, par arrêts des 21 juin 1820

Deux arrêts de la cour royale de Douai, en date des 20 juin 1820[1] et 5 mai 1836[2], ont statué dans le même sens par rapport à des jugements étrangers qui prononçaient une déclaration d'absence et l'envoi en possession provisoire des biens de l'absent. Voici les motifs du dernier arrêt : « Considérant que le jugement étranger n'est » point invoqué, dans la cause, à titre d'exécution parée, » mais uniquement comme preuve de la qualité des de- » mandeurs (des envoyés en possession provisoire) ; que » les art. 546 du Code de procédure civile et 2123 du » Code civil sont dès lors inapplicables[3]. »

Il y aurait lieu d'admettre également, comme titre probatoire sur le fait de démence ou de prodigalité, le jugement rendu à l'étranger qui prononce l'interdiction d'un individu pour l'une ou l'autre de ces deux causes[4].

Aussi M. Pardessus[5] déclare en termes généraux que « la loi politique, qui ne permet pas que les jugements étrangers soient considérés comme chose jugée en France, ne fait point obstacle à la faculté qu'aurait un tribunal français de considérer un jugement étranger comme renseignement ou comme présomption susceptible de l'éclairer dans l'appréciation des circonstances dont il serait juge. »

---

et 27 décembre 1826. Répertoire, v° Faillite et Banqueroute, sect. 2, § 2, art. 10, n° 2. Table générale de la jurisprudence belge, v° Faillite, n° 33.

[1] Répertoire, v° Absent, ch. 1, art. 112, n° 3.

[2] Sirey, 1836, II, 428; Dalloz, 1836, II, 148.

[3] Le tribunal de Trèves (Prusse rhénane) a décidé dans le même sens, le 7 février 1820. Archives, ... t. I, part. 2, p. 165.

[4] On sait que le droit romain a placé sur la même ligne les *furiosi* et les *prodigi*, parce que ces derniers préparent à leurs affaires *furiosum exitum*. L. 12, § ult. ff. *de tutor. et curat. dat.*

[5] N° 1488, 1°, t. VI, p. 365 (5e édit.).

305. Les articles 2123 et 2128 du Code civil renvoient, quant aux exceptions au principe général, aux dispositions des lois politiques et des traités. Nous ne connaissons qu'une seule loi française qui attribue aux jugements rendus à l'étranger des effets dans le territoire français ; c'est la loi du 21 avril 1832, relative à la navigation du Rhin. L'art. 5 de cette loi porte : « Les jugements prononcés par les juges des droits de navigation » du Rhin, résidant sur un territoire étranger, seront » exécutoires sur le territoire français sans nouvelle » instruction, dès qu'ils seront passés en force de chose » jugée, et, à cet effet, ils seront rendus exécutoires par » le tribunal civil de Strasbourg. » On voit que ce tribunal n'est appelé qu'à donner à ces jugements la force d'exécution parée ; ce tribunal n'a pas le droit d'examiner le mérite du fond. Le jugement étranger a *autorité* en France dans les cas prévus par la loi du 21 avril 1832.

Du reste, l'art. 85 de la convention du 31 mars 1831, qui a servi de base à la loi, porte que les jugements rendus sont également exécutoires sur les territoires de tous les États riverains.

306. En ce qui concerne les traités, il en existe trois, que nous allons passer en revue.

307. Nous avons fait mention, au n° 282, des traités successivement conclus entre la France et la Suisse. L'article 1er du dernier de ces traités, en date du 18 juillet 1828, est ainsi conçu : « Les jugements défi- » nitifs, en matière civile, ayant force de chose jugée, » rendus par les tribunaux français, seront exécutoires » en Suisse, et réciproquement, après qu'ils auront été » légalisés par les envoyés respectifs, ou, à leur défaut, » par les autorités compétentes de chaque pays. »

Ainsi, l'exécution, en France, des jugements éma-

nés des tribunaux helvétiques , est attachée à la simple
légalisation de l'envoyé de France, de manière, dit
Grenier [1], que la permission des tribunaux français n'est
ni requise ni nécessaire.

Cependant ce serait une erreur de croire que l'huissier pourrait, en vertu d'une expédition dûment léga-
lisée d'un jugement rendu en Suisse, procéder en
France à des actes d'exécution, à la saisie mobilière ou
immobilière ou à l'emprisonnement du débiteur [2]. L'article 1er du traité doit être combiné avec l'article 545 du
Code de procédure civile ; on ne saurait isoler le traité
de la disposition de ce dernier article , qui est général
pour tous les cas d'exécution forcée ; dès lors les jugements rendus et les actes passés en Suisse doivent, aussi
bien que les actes des officiers français et les jugements
émanés des tribunaux français, être revêtus de la formule exécutoire. Cette formalité s'accomplit, sans entrer dans l'examen du fond, par une ordonnance du président du tribunal du lieu où doit se faire l'exécution.
On ne saurait reconnaître ce pouvoir au greffier, comme
l'ordonnance du 30 août 1815 l'a fait pour les actes ou
jugements revêtus des formules usitées dans les gouvernements antérieurs. Dans ce dernier cas il s'agissait
d'un simple travail mécanique, tandis que, quant au
jugement suisse, il faut au moins examiner si l'acte est
un jugement et s'il est légalisé par l'autorité compétente.

Ainsi, en dernière analyse, on peut dire que le jugement suisse a, par lui-même, en France, l'autorité
de la chose jugée, mais non pas l'exécution parée : il

---

[1] Des hypothèques, n° 215.
[2] Toullier, t. X, n° 90.

9

n'obtient cette dernière que par l'apposition de la formule exécutoire. En d'autres termes, nonobstant le traité, l'exécution des jugements rendus en Suisse ne peut avoir lieu qu'en vertu de l'attache des tribunaux français et non pas sans leur intervention. M. Pardessus [1] ajoute que le traité ne saurait obliger les magistrats français à assurer en France l'exécution d'un arrêt étranger qui violerait les principes de notre droit public; qu'au contraire les magistrats pourraient refuser l'exécution par ces motifs.

308. Entre les États du roi de Sardaigne et la France il existe une stipulation analogue à celle qui a été conclue avec la Suisse; mais elle est moins impérative pour les tribunaux respectifs. Nous en avons parlé *suprà*, à l'article *Sardaigne*.

309. Une remarque commune aux traités conclus avec la Suisse et avec la Sardaigne, c'est que ces traités ne s'appliquent pas à tous les actes passés dans les cantons helvétiques ou dans les États du roi de Sardaigne, mais seulement aux actes passés entre un Français et un membre de la nation avec laquelle le traité a été consenti, ou entre deux membres de cette même nation. Ainsi la cour de cassation a jugé, le 10 mai 1831 [2], qu'un acte passé en Suisse, entre un Français et un Milanais, ne peut conférer à ce dernier le droit de prendre hypothèque sur les biens du Français situés en France.

310. L'art. 16 du traité de commerce entre la France et la Russie, du 11 janvier 1787, renferme une disposition qui accorde, à certains égards, aux jugements ren-

---

[1] T. VI, n° 1488, 1°.

[2] Sirey, 1831, I, 195.

dus en Russie, l'autorité de la chose jugée en France.
Cet article, après avoir habilité les héritiers russes à recueillir en France, et les héritiers français à recueillir
en Russie, tant les biens meubles que les biens immeubles de leurs parents respectifs, porte textuellement :
« Dans le cas où il s'élèverait des contestations sur l'héri-
» tage d'un Russe mort en France, les tribunaux du
» lieu où les biens du défunt se trouveront, devront
» juger le procès suivant les lois de la France. L'impé-
» ratrice de Russie s'engage à faire jouir, dans toute
» l'étendue de son empire, les sujets du roi très-chré-
» tien d'une entière et parfaite réciprocité, relativement
» aux stipulations renfermées dans le présent article [1]. »

Ainsi les tribunaux français ne connaîtront de la succession des Russes morts en France, et réciproquement
les tribunaux russes ne connaîtront de la succession des
Français morts en Russie, que relativement aux biens
qui se trouveront dans leurs territoires respectifs. Mais
les jugements des tribunaux français ou russes, rendus
relativement auxdits biens, ont l'autorité de la chose
jugée, respectivement en Russie et en France. C'est la
décision d'un arrêt de cassation du 15 juillet 1811, déjà
cité, rendu dans la célèbre affaire Champeaux-Gram-
mont contre Cardon [2].

On peut aujourd'hui élever la question de savoir si
le traité de 1787 conserve toujours force et vigueur ?
L'art. 46 de ce même traité en avait fixé la durée à
douze ans : on ne trouve, dans les recueils des traités,
aucune convention qui en ait prolongé les effets d'une
manière expresse. Le traité de paix entre la France et

---

[1] Martens, Recueil des traités, t. III, p. 1 et suiv.
[2] Répertoire, v° Jugement, § 7 *bis*.

la Russie, du 8 octobre 1801, ainsi que l'art. 27 de celui de Tilsitt (1807), déclarent que les relations de commerce seront rétablies sur le même pied qu'elles étaient avant la guerre; mais ces termes peuvent être regardés comme n'ayant remis en vigueur le traité de 1787 que pour le temps qui restait encore à courir, déduction faite de celui pendant lequel il avait été suspendu par les deux guerres. Les traités de paix de 1814 et 1815 gardent le silence sur ce point.

311. Il va sans dire que la simple réciprocité, sans traité formel, ne suffit pas pour attribuer, en France, aux jugements rendus dans un pays étranger, l'autorité de la chose jugée [1].

Art. XXX. Belgique.

312. Avant la réunion de la Belgique à la France, les jugements rendus en pays étranger n'y avaient ni l'autorité de la chose jugée ni la force exécutoire, et ils n'emportaient pas hypothèque. L'exécution des jugements étrangers ne pouvait avoir lieu qu'en vertu de *lettres de pareatis*, appelées en Hainaut *lettres d'attache*. Ces ordonnances étaient délivrées par l'autorité judiciaire : à Liége, par les échevins; dans le Hainaut, par le grand bailli; cependant, dans cette dernière province, on pouvait aussi s'adresser directement à la cour de Mons [2]. Par exception, le duché de Brabant avait conclu avec le prince évêque de Liége, le 27 no-

---

[1] Merlin, Questions de droit, vº Jugement, § 15; Grenier, des Hypothèques, nº 216; M. Persil, Régime hypothécaire, sur l'art. 2123, p. 22.

[2] Chartes générales du Hainaut, ch. 60, art. 1.

vembre 1615 [1], un traité (recès ou concordat) pour l'exécution réciproque, dans les deux pays, sans entraves et sans formalités, des sentences rendues en matière *personnelle* et *réelle*. Comme ce traité ne parlait pas, en termes formels, des matières féodales, il y eut plusieurs contestations à ce sujet, sur lesquelles on peut consulter Colona [2], Vinnius [3], et Bynkershoeck [4].

313. Après la réunion de la Belgique à la France, l'article 121 de l'ordonnance de 1629 ne fut point compris parmi les dispositions des anciennes ordonnances et des lois nouvelles que le gouvernement français fit publier dans ces provinces. L'omission de l'article 121 a eu lieu à dessein et ne saurait être attribuée au hasard ou à la répugnance que le directoire aurait éprouvée contre l'ordonnance de 1629 ; car on a publié les articles 94, 138 et 150 de la même ordonnance [5]. Dès lors, et avant 1814, la matière de l'exécution des actes et jugements étrangers était régie uniquement par les articles 2123 et 2128 du Code civil et 546 du Code de procédure civile, qui avaient reçu force de loi en Belgique comme dans toutes les autres parties de l'empire français.

314. Peu de temps après les événements de 1814,

---

[1] Placards de Brabant, t. I, fol. 647.

[2] Recueil des arrêts du grand conseil de Malines, I, 88, 89 ; II, 206.

[3] *Tract. de juridict.* cap. 10, n° 2.

[4] *De foro legatorum*, ch. 23, §§ 1 et 2.

[5] Recueil des lois et règlements pour les neuf départements réunis par la loi du 9 vendémiaire an IV, en exécution de l'arrêté du directoire exécutif du 7 pluviôse an V. Paris, imprimerie de la République, ventôse an V. 2 vol. in-8°. (Ce travail est connu sous le titre de Code Merlin, du nom de son auteur).

qui détachèrent la Belgique de la France, le roi Guillaume Ier, prenant alors le titre de prince souverain des provinces unies des Pays-Bas, rendit, le 9 septembre 1814, l'arrêté suivant : « Art. 1. Les arrêts et les jugements rendus en France, et les contrats qui y auront été passés, n'auront aucune exécution dans la Belgique. — Art. 2. Les contrats y tiendront lieu de simple promesse.— Art. 3. Nonobstant ces jugements, les habitants de la Belgique pourront de nouveau débattre leurs droits devant les tribunaux qui y sont établis, soit en demandant, soit en défendant. »

Cet arrêté reproduit le texte de l'article 121 de l'ordonnance de 1629, non pas à l'encontre de tous les pays étrangers en général, mais au préjudice de la France seulement : il établit un privilége au profit des habitants de la Belgique, en ce qui concerne les jugements rendus en France; mais ce privilége ne s'étend pas aux jugements rendus dans tous les pays étrangers sans distinction. Évidemment cet arrêté avait un but politique, celui de compléter la séparation des deux pays.

Du reste, les articles 1 et 2 de l'arrêté n'offrent que la reproduction du principe consacré par les articles 2123 et 2128 du Code civil, et 546 du Code de procédure civile, et, sous ce rapport, ces deux dispositions étaient parfaitement inutiles. En effet, le seul fait de la séparation des territoires, accompagné du maintien des Codes français dans les deux États, emportait de droit l'application desdits articles des Codes, en Belgique vis-à-vis la France, et en France vis-à-vis la Belgique. Aussi dans les provinces de la rive gauche du Rhin, qui se trouvaient dans la même position que la Belgique, les jurisconsultes étaient unanimes pour reconnaître l'inutilité d'une nouvelle loi à l'encontre de la France seule [1].

Quoi qu'il en soit, l'arrêté du 9 septembre 1814, émané du prince qui exerçait alors le pouvoir souverain et illimité dans le territoire, a conservé force de loi jusqu'à ce jour.

315. Le 14 mai 1836, le ministre de la justice a présenté à la chambre des représentants un projet de loi qui abroge l'arrêté de 1814. Voici l'exposé des motifs et le texte du projet :

Exposé des motifs. « Les articles 2123 et 2128 du Code civil, et l'article 546 du Code de procédure déterminent le mode de rendre exécutoires en Belgique les actes reçus et les jugements rendus en pays étrangers. — Ces dispositions ont été modifiées, à l'égard de la France, par un arrêté du 9 septembre 1814 ; mais elles ont conservé leur application aux contrats passés et aux décisions judiciaires portées dans d'autres pays. — Cependant il n'existe aucun motif pour soumettre la France à une législation exceptionnelle ; au contraire les relations multipliées que nous avons avec ses habitants, l'analogie de nos juridictions et de nos lois en général, réclament plutôt en faveur des Français qu'en faveur de tout autre peuple, l'application des principes généraux de nos Codes. — Il a donc paru juste d'abroger l'arrêté du 9 septembre 1814, et de rétablir la réciprocité de législation qui n'aurait jamais dû être inter

---

[1] L'arrêté rendu pour la Bavière rhénane le 4 avril 1815. (V. *supra*, nº 216) et l'ordonnance du grand-duc de Hesse en date du 21 juin 1817 (*V.* nº 225) sont conçus en termes généraux et ne sont pas spécialement dirigés contre les jugements et actes rendus ou passés en France.

rompue [1]. Tel est le but des deux premiers articles du projet de loi que j'ai l'honneur de présenter à la chambre. — Le troisième et le dernier article prévient toute question de rétroactivité : des Belges auraient pu se laisser condamner en France sans se défendre, dans la persuasion que les jugements rendus dans ce pays étaient dénués de tout effet en Belgique ; il faut éviter qu'ils ne deviennent victimes de leur bonne foi. »

Projet de loi. « Art. 1er. L'arrêté du 9 septembre » 1814 , relatif à l'exécution , en Belgique, des juge- » ments rendus et des contrats passés en France, est » abrogé. — Art. 2. Les arrêts ou jugements rendus et » les actes passés en France, sont soumis, pour être » exécutoires en Belgique, aux règles ordinaires pres- » crites par le Code civil et le Code de procédure civile. » — Art. 3. La présente loi n'est pas applicable aux » jugements rendus en France avant sa promulgation. »

Ce projet de loi n'a jamais été discuté , et , en consé- quence, la Belgique est toujours régie par les articles 2123 et 2128 du Code civil , 546 du Code de procédure civile, et par l'arrêté du 9 septembre 1814.

---

[1] C'est une erreur. Il paraît que le rédacteur de cet exposé n'a pas connu l'art. 121 de l'ordonnance de 1629. La disposition de l'art. 3 de l'arrêté n'est qu'une mesure de rétorsion contre l'art. 121 de l'ordonnance ; et même cette mesure n'est pas complète, eu égard à la jurisprudence française qui applique l'art. 121 même aux ju- gements rendus à l'étranger au préjudice d'étrangers (V. *suprà*, n° 293) : en effet, d'après cette jurisprudence, le Belge qui a obtenu en Belgique un jugement contre son débiteur belge et qui se pro- pose d'exécuter ce jugement contre le débiteur réfugié en France , est soumis à l'application de l'art. 121, tandis que le créancier fran- çais qui poursuit en Belgique l'exécution d'un jugement français contre son débiteur français, réfugié en Belgique , ne tombe pas dans l'application de l'art. 3 de l'arrêté (V. *infrà*, n° 317).

316. L'opinion que nous avons exprimée *suprà*, aux n°° 285 et 286, sur le sens des articles 2123 et 2128 du Code civil, et 540 du Code de procédure civile, est généralement adoptée en Belgique : c'est ce qui nous a été affirmé par tous les jurisconsultes belges avec lesquels nous avons eu l'occasion de conférer sur la question. On reconnaît, en thèse générale, que l'examen du tribunal belge saisi de la demande tendant à déclarer exécutoire un jugement rendu à l'étranger, se réduit à la question de savoir si le jugement renferme une disposition contraire, soit à la souveraineté de la nation belge, soit aux intérêts de cette nation comme telle, soit enfin au droit public de la Belgique [1]. Il paraît même que cette opinion n'a jamais été révoquée en doute devant les tribunaux belges : car, dans les recueils d'arrêts nous n'avons pu trouver aucuns débats sur la préférence à donner à l'un ou à l'autre des deux systèmes que nous avons exposés au n° 285, bien que l'article 3 de l'arrêté de 1814 pourrait prêter à la même controverse qui s'est élevée sur l'article 121 de l'ordonnance de 1629. Dans la négative, le tribunal déclarera le jugement exécutoire, sans révision préalable du fond de sa décision, ou, en d'autres termes, sans entrer dans l'examen des droits privés des parties qui ont fait l'objet de la contestation devant le tribunal étranger. En effet, c'est ainsi que le veulent le texte et l'esprit des articles cités du Code civil et du Code de procédure civile, d'après ce que nous avons établi au n° 286.

La règle générale que nous venons d'énoncer n'admet qu'une seule exception, savoir, à l'égard des jugements

---

[1] *V*. les exemples de décisions qui rentrent dans ces catégories, *suprà*, n° 286.

rendus en France et au préjudice d'un Belge. Cette double condition est exigée par l'article 3 de l'arrêté de 1814, pour que la partie qui a succombé devant les juges français, puisse être admise à débattre de nouveau ses droits, comme entiers, devant les tribunaux belges. Ainsi ce droit n'appartiendra pas au citoyen belge condamné par un jugement rendu en Prusse ; de même, le Français (résidant ou non en Belgique) ne pourra pas réclamer la révision d'un jugement rendu contre lui en France, en Prusse, ou dans tout autre pays, lorsque la partie qui a obtenu gain de cause demande en Belgique l'exécution de ce jugement sur les biens du condamné qui se trouvent dans ce royaume. En Belgique on n'a pas, comme on l'a fait en France à l'égard de l'article 121 de l'ordonnance de 1629, tenté d'étendre le texte de l'article 3 de l'arrêté de 1814 à des cas dont il ne parle évidemment pas. Ainsi il n'est pas venu dans l'idée d'un tribunal belge de décider qu'un étranger résidant dans le royaume et contre lequel l'exécution d'un jugement rendu en France était réclamée, pouvait de nouveau débattre ses droits, comme entiers, devant le tribunal belge. Les monuments de la jurisprudence n'offrent aucun exemple de ce genre.

317. On peut se demander si le mot *habitants*, employé dans l'article 3 de l'arrêté de 1814, a la même signification que celui de *sujet* que contient l'article 121 de l'ordonnance de 1629. M. Maniez ' tient pour l'affirmative. Il fait remarquer qu'à l'époque de la rédaction de l'arrêté, il y avait incertitude sur le sort définitif de la Belgique, et que d'ailleurs le mot sujet aurait

---

¹ P. 63 et suiv. du Mémoire que nous avons cité plus haut, n°⁵ 285 et 290.

éveillé la susceptibilité des masses, puisque la réaction qui avait brisé le trône impérial s'était faite au nom de la liberté et de l'affranchissement des peuples. On peut ajouter que l'arrêté de 1814 était commun à la Belgique et au territoire formant le royaume actuel des Pays-Bas, et que les habitants de ce dernier territoire comptaient sur la restauration de l'ancienne république des provinces-unies. « Quant au mot *citoyens*, » dit M. Maniez, « on ne pouvait non plus l'employer, puisque en s'en servant le droit de révision n'eût pas été accordé à tous les Belges, mais l'eût été seulement aux Belges qui, à la fois, auraient eu la jouissance des droits civils et politiques, la qualité de citoyen étant subordonnée à la réunion de ces deux conditions. » Nous adoptons cette manière de voir ; nous pensons avec l'auteur que le mot « habitants » comprend seulement les regnicoles et non pas tous les individus qui se trouvent accidentellement sur le sol belge.

L'interprétation que nous rejetons aurait pour effet de priver de leur exécution immédiate presque tous les jugements rendus en France contre les débiteurs qui se réfugieraient en Belgique ; car ces derniers seraient *habitants* de la Belgique. Il nous est impossible de croire que le législateur de 1814 ait entendu attirer en Belgique, par l'avantage énoncé en l'art. 3 de l'arrêté de 1814, le rebut de la société française, et nous persistons à croire qu'il n'a eu d'autre but que d'accorder un privilége aux regnicoles.

318. Nous allons terminer cet article par l'indication des monuments de la jurisprudence belge sur la matière[1].

---

[1] Nous devons cette indication à M. Britz, avocat à Bruxelles, collaborateur de la *Revue*.

Les art. 546 du Code de procédure civile et 2123 et 2128 du Code civil n'ont été modifiés par l'arrêté-loi du 9 septembre 1814 que relativement à la France[1]. Les tribunaux belges ne peuvent déclarer exécutoires les jugements rendus par les tribunaux français, sans nouvel examen du fond de la contestation[2]; mais le but de l'arrêté n'est pas de refuser aux jugements et aux actes passés en France toute force ou tout effet judiciaire ou conventionnel[3].

Le Hollandais qui, avant la réunion, avait obtenu d'un tribunal de son pays le bénéfice de cession, n'était point fondé, durant la réunion, à opposer ce jugement aux poursuites exercées contre lui dans les provinces méridionales (la Belgique)[4].

L'arrêt obtenu en France par un Belge contre un Belge, ne peut, en Belgique, être invoqué par l'une des parties comme justifiant l'exception de chose jugée[5].

Le Belge qui a librement et volontairement exécuté un jugement rendu contre lui en France, ne peut remettre en question, devant un tribunal belge, le mérite du même jugement[6].

Les dispositions de l'art. 546 du Code de procédure

---

[1] Arrêt de la cour d'appel de Bruxelles, du 18 novembre 1835. Jurisprudence de Belgique, 1836, II, 181.

[2] Arrêt de la cour de cassation de Bruxelles du 23 juillet 1821. Jurisprudence de Belgique, 1821, I, 17.

[3] Arrêt de la cour d'appel de Bruxelles, du 16 mars 1826. Jurisprudence de Belgique, 1826, I, 267.

[4] Arrêt de la même cour du 16 avril 1818. *Ibid.* 1818, I, 330.

[5] Arrêt de la cour d'appel de Liége, du 15 juillet 1831 ; Jurisprudence du XIXe siècle, 1832, III, 342.

[6] Arrêt de la cour d'appel de Bruxelles, du 23 mai 1821. Jurisprudence de Belgique, 1821, II, 159.

civile et de l'arrêté du 9 septembre 1814 sont seulement relatives à la mise en exécution, dans ce royaume, de jugements rendus et d'actes passés en pays étranger, sans qu'elles forment obstacle à ce que des jugements légalement rendus et exécutés en pays étranger, concernant l'état des personnes, soient invoqués en ce royaume comme preuve de cet état. Ainsi l'époux contre lequel la séparation de corps a été prononcée par un jugement rendu en France, peut, en vertu de ce jugement, demander en Belgique le divorce contre l'autre époux, conformément à l'art. 310 du Code civil[1].

De ce que les jugements rendu en pays étranger ne sont pas exécutoires dans le royaume, il ne s'ensuit pas que les agents ou syndics nommés par le jugement d'un tribunal étranger déclarant un de ses justiciables en faillite, soient sans qualité pour exercer dans le royaume les droits du failli[2].

L'étranger déclaré en état de faillite par les tribunaux de son pays, et qui est venu fixer ensuite son domicile dans les Pays-Bas, ne peut ester en jugement, devant les tribunaux belges, sur l'assignation à lui donnée par un regnicole du chef d'un contrat passé dans le pays de cet étranger antérieurement à la faillite[3].

Les jugements rendus à l'étranger et qui ne prononcent pas de condamnations, sont déclarés exécutoires par ordonnance de la chambre du conseil du tribunal de

---

[1] Arrêt de la cour d'appel de Bruxelles, du 9 juin 1827. *Ibid.* 1828, 1, 369.

[2] Arrêts de la même cour, des 23 mars et 27 décembre 1826. Annales de jurisprudence, 1826, 1, 565 ; 1827, 1, 143.

[3] Arrêt de la même cour, du 19 juillet 1823. Jurisprudence de Bruxelles, 1823, II, 231.

première instance. C'est ce qui a eu lieu notamment à l'égard d'un jugement rendu dans le royaume des Pays-Bas portant autorisation de la vente des immeubles d'un mineur hollandais résidant à Bruxelles [1].

ART. XXXI. Pays situés sur la rive gauche du Rhin, et détachés de la France en 1814 et 1815.

319. A l'époque où ces provinces se trouvaient réunies à la France, l'art. 121 de l'ordonnance de 1629 n'y a pas obtenu force de loi : cette disposition ne se trouve point parmi les anciennes ordonnances qui ont été publiées par divers arrêtés des commissaires généraux du gouvernement [2].

Les art. 2123 et 2128 du Code civil et 546 du Code de procédure civile ont été promulgués dans les mêmes provinces, comme dans le reste de l'empire français. En conséquence la question de l'exécution des jugements étrangers se décide aujourd'hui par les articles que nous venons de citer, à moins de nouvelles dispositions législatives intervenues depuis 1814.

Ici se présentent des différences entre la Prusse rhénane, la Bavière rhénane et la Hesse rhénane.

320. Pour la *Prusse rhénane* (qui comprend le duché de Berg) aucune loi ou ordonnance nouvelle n'a été rendue depuis 1814. En conséquence, suivant nous, les tribunaux de cette province, saisis d'une demande tendant à déclarer exécutoire un jugement rendu en pays

---

[1] Communication de M. Britz.

[2] Recueil des règlements et arrêts émanés du commissaire du gouvernement dans les quatre nouveaux départements de la rive gauche du Rhin. Strasbourg, an VII. 12 vol. in-8°, composés de 24 cahiers. Le vol. II, cah. 6, p. 108, contient la publication de l'art. 94 de l'ordonnance de 1629

étranger n'auront qu'une chose à examiner : savoir, si le jugement renferme, ou non, une disposition contraire, soit aux droits de souveraineté du roi de Prusse, soit aux intérêts de la nation, soit enfin au droit public de la Prusse? Dans la négative, le jugement sera rendu exécutoire sans examen préalable du fond. C'est aussi l'avis émis par feu Sand, avocat général de la cour d'appel de Cologne, fondateur et rédacteur en chef des *Archives de la Prusse rhénane*[1]. Il rapporte deux jugements du tribunal de Trèves, qui ont prononcé en ce sens dans des causes où des étrangers seuls étaient intéressés. La cour d'appel de Cologne a sanctionné le même principe, par arrêt du 10 janvier 1825[2], rendu également entre deux étrangers.

D'autre part, et quoique l'art. 121 de l'ordonnance de 1629 n'ait pas obtenu force de loi dans ces provinces, l'ancienne cour impériale de Trèves, par arrêt du 18 mars 1807[3], avait appliqué, au profit des Français, le principe consacré par cette disposition. Un arrêt de la cour de Cologne, du 6 mai 1828[4], a également décidé que le citoyen de la Prusse rhénane, qui a succombé devant un tribunal étranger[5] peut débattre de nouveau ses droits devant ses juges naturels appelés à déclarer exécutoire le jugement étranger. « Attendu, » portent en substance les motifs de l'arrêt, « qu'un nouvel examen du fond de la cause peut seul assurer au sujet la

---

[1] T. I, part. 2, p. 164.

[2] *Ibid.*, t. VI, part. 1. p. 189.

[3] Jurisprudence de la cour impériale de Trèves, par M. Birnmaum, t. 1, p. 367.

[4] Archives, t. XII, part. 1, p. 10.

[5] Il s'agissait d'un arrêt rendu à Liège, faisant alors partie du royaume des Pays-Bas.

protection à laquelle il a droit, et que les jugements étrangers ne sauraient recevoir leur exécution dans la Prusse rhénane que dans les cas et de la manière dont les jugements prussiens sont exécutoires dans les pays où le jugement en question a été rendu. » Cette cour a prononcé dans le même sens par deux autres arrêts, l'un du 18 décembre 1833 [1], l'autre du 4 mars 1837 [2]. Ce dernier regarde l'art. 121 de l'ordonnance de 1629 comme moyen d'interprétation de l'art. 546 du Code de procédure civile.

Nous pensons que, parmi les motifs allégués dans ces divers arrêts, celui tiré du principe de la réciprocité est seul fondé en droit (V. *suprà*, n° 214.)

L'arrêt du 18 décembre 1833 a consacré en même temps les deux principes réunis en France d'après lesquels 1° l'exécution du jugement étranger ne peut être ordonnée sur simple requête et sans débats contradictoires et [3] 2° les actes d'instruction ainsi que les preuves acquises en pays étranger peuvent être pris en considération par le tribunal saisi de la demande à fin d'exécution [4].

Tel est l'état de la législation et de la jurisprudence sur la matière dans la Prusse rhénane.

321. En ce qui concerne la *Bavière rhénane*, nous avons déjà fait mention [5] de l'arrêté du 4 avril 1815 qui continue d'avoir force de loi. On lit dans cet arrêté : « Les jugements rendus par les tribunaux étrangers ne

---

[1] Archives, t. XIX, part. 1, p. 371.
[2] *Ibid.*, t. XXV, part. 1, p. 79.
[3] V. *suprà*, n° 284.
[4] V. *suprà*, n° 304.
[5] V. *suprà*, n° 216.

» sont pas exécutoires dans le territoire de cette admi-
» nistration. » Ce texte ne va pas plus loin que les
art. 2123 et 2128 du Code civil, et 546 du Code de
procédure civile, avec lesquels il fait double emploi,
et en présence desquels il peut paraître complétement
inutile. Il n'a aucune analogie avec l'art. 121 de l'ordonnance de 1629 : d'où la conséquence que la mission
des tribunaux de la Bavière rhénane, appelés à déclarer
exécutoire un jugement étranger, se borne à l'examen
de la question que nous avons indiquée *suprà*, nᵒˢ 285
et 316. L'arrêt de la cour d'appel de Deux-Ponts, dont
nous avons déjà fait fait mention [1], a statué en ce sens.

322. Quant à la *Hesse rhénane*, nous renvoyons à ce
qui a été dit à l'article « Grand-duché de Hesse [2]. »

ART. XXXII. Grand-duché de Toscane.

323. La législation du grand-duché de Toscane a
adopté les principes de la législation française, toutefois sans reproduire la troisième disposition de l'art. 121
de l'ordonnance de 1629 [3]. On lit dans l'art. 794 du
règlement sur la procédure civile, en date du 15 novembre 1814 : « Les jugements rendus par les tribu-
» naux étrangers et les actes publics reçus par les no-
» taires étrangers et en pays étrangers n'ont pas en
» Toscane l'exécution parée, sauf les dispositions con-
» traires contenues dans les lois politiques et dans les
» traités. Néanmoins les actes peuvent être produits en
» justice comme moyens de preuve, avant que l'autori-
» sation de la mettre à exécution n'ait été obtenue dans
» les formes établies par les lois. »

---

[1] V. *suprà*, nᵒ 285, note.
[2] V. *suprà*, nᵒ 225 et suiv.
[3] V. *suprà*, nᵒ 281.

Cet article reproduit les dispositions des art. 2123 et 2128 du Code civil et 546 du Code de procédure civile français, ainsi que la seconde disposition de l'art. 121 de l'ordonnance de 1629 : il ne diffère de la législation française que par l'omission du droit accordé au regnicole qui a succombé devant les juges étrangers, de débattre de nouveau ses droits, comme entiers, devant les tribunaux français. La législation toscane n'admet pas les principes reçus en Allemagne, et qui accordent, en cas de réciprocité, l'autorité de la chose jugée aux jugements rendus à l'étranger.

324. Avant l'occupation française, et en vertu d'une ordonnance du 20 juillet 1769, le pouvoir de déclarer exécutoires les jugements et actes rendus et passés en pays étranger appartenait à la secrétairerie de la juridiction royale (*segreteria della regia giurisdizione*) qui accordait l'exéquatur lorsque ces jugements et actes ne contenaient rien de contraire au droit public [1].—Aujourd'hui, d'après l'art. 67, § 2, de la loi des hypothèques du 2 mai 1836, les tribunaux sont investis du pouvoir de déclarer exécutoires les jugements rendus en pays étranger. Voici le texte de cette disposition : « Les » jugements des tribunaux étrangers ne confèrent hypothèque qu'autant qu'ils auront été déclarés exécutoires par les tribunaux toscans, et du jour de cette » déclaration : sauf les dispositions contraires qui pourront se trouver dans les lois politiques et les traités. »

Nous n'avons pu trouver aucune loi politique, aucun traité relatif à la matière, concernant la Toscane.

---

[1] Répertoire du droit toscan (*Repertorio del diritto patrio toscano vigente*), 2ᵉ édit., 1837, t. IV, vᵒ *Giurisdizione regia*, nᵒ 1, 3ᵒ ; t. VII, vᵒ *Regio exequatur*, nᵒ 8.

ART. XXXIII. Royaume des Deux-Siciles.

325. Le Code civil du royaume des Deux-Siciles (art. 2009 et 2014) a reproduit les dispositions des art. 2123 et 2128 du Code civil français , en omettant la clause finale de l'un et de l'autre qui renvoie aux « dispositions contraires qui peuvent être dans les lois » politiques ou dans les traités [1]. » L'art. 636 du Code de procédure civile des Deux-Siciles est la traduction de l'article 546 du Code de procédure civile français. Aussi M. Rocco [2] renvoie, sur l'exécution des jugements siciliens à l'étranger, et *vice versâ*, aux principes suivis en France.

ART. XXXIV. Haïti.

326. Le dernier alinéa de l'art. 1890 du Code civil de cette république est ainsi conçu : « L'hypothèque » ne peut pareillement résulter des jugements rendus » en pays étranger , qu'autant qu'ils ont été déclarés » exécutoires par un tribunal haïtien : sans préjudice » des dispositions contraires qui peuvent être dans les » lois politiques ou dans les traités. »

La disposition de l'art. 546 du Code de procédure civile français a également été maintenue dans celui de Haïti.

ART. XXXV. Grèce.

327. Le Code de procédure civile du royaume de Grèce (de 1834) contient les dispositions suivantes [3] :

---

[1] Dictionnaire de procédure, par MM. Bioche et Goujet, traduction accompagnée de notes, par MM. Saffioti, Dentice et Sagarriga ; v° *Esecutione* , notes au n° 53.

[2] Liv. III , chap. 26 et suiv.

[3] M. de Maurer , Recueil de documents, lois et réglements d'un

— Art. 858. « Les jugements rendus par les tribunaux » étrangers et les actes publics reçus par les officiers » étrangers ne seront susceptibles d'exécution en Grèce, » qu'après qu'ils auront été déclarés exécutoires par les » tribunaux du royaume. » Art. 859. « Dans le cas de » l'article précédent, l'ordre d'exécution sera délivré : » — 1° par le président du tribunal de première in- » stance du lieu de l'exécution, et sans autre examen » du contenu du jugement ou de l'acte, lorsque toutes » les parties sont des étrangers ; 2° par le tribunal de » première instance lui-même, et seulement après l'exa- » men préalable du contenu, lorsque l'une des parties » est un regnicole. » Art. 860. « Dans le cas du second » paragraphe de l'article 859, l'exécution ne pourra » être refusée qu'autant que les jugements se trouve- » ront en contradiction avec des faits prouvés, ou lors- » que les jugements ou actes publics seront contraires à » des lois prohibitives du royaume. » Art. 861. « Lors- » que, dans le cas de l'article précédent, l'exécution a » été refusée ; — 1° les jugements étrangers n'ont aucun » effet, et la cause doit être débattue de nouveau de- » vant les tribunaux du royaume et jugée par eux ; » 2° les actes publics et étrangers, lorsqu'ils ont été si- » gnés par les parties, tiendront lieu d'actes sous seing » privé, relativement aux points réglés d'une manière » conforme aux lois du royaume. »

Art. XXXVI. Pays-Bas.

328. Le Code civil de ce royaume n'a pas reproduit l'ar-ticle 2123 du Code français, parce qu'il ne reconnaît pas

---

haut intérêt, concernant la nouvelle Grèce. (*Interessante neugrie-chische Urkunden, Gesetze un Verordnungen*), p. 782.

d'hypothèque judiciaire [1]. L'article 1218 du Code néer-landais est conforme à l'article 2128 du Code français.

Le Code de procédure civile des Pays-Bas a substitué à l'article 546 du Code français la disposition suivante, qui consacre complétement la jurisprudence suivie en France [2] : Art. 431. « Hors les cas expressément énoncés » dans la loi, aucun jugement rendu par les juges ou » tribunaux étrangers ne peut être mis à exécution dans » le royaume [3]. — Les causes peuvent être de nouveau » débattues devant le juge néerlandais et décidées par lui. » — Dans le cas d'exception dont il vient d'être parlé, » les jugements rendus par les juges ou tribunaux » étrangers ne pourront être mis à exécution dans ce » royaume qu'après que le tribunal de première in-» stance, dans l'arrondissement duquel l'exécution de-» vra avoir lieu, aura, sur sa requête, accordé la per-» mission de l'exécution, dans les formes indiquées » par l'article précédent [4]. — En accordant cette per-» mission, le tribunal ne soumettra pas la cause à un » nouvel examen. »

---

[1] *V*. la *Revue étrangère*, t. 1, p. 649, à la note.

[2] V. *suprà*, n° 293.

[3] L'ancien droit des Pays-Bas admettait, en cette matière, le prin-cipe de la réciprocité. *V*. Lyndrajer, chap. I, § 10 et suiv. Le même auteur expose, chap. III, l'état du droit de ce royaume depuis 1813 jusqu'à la promulgation de nouveaux Codes (1838).

[4] Cet article précédent (430) est ainsi conçu : « Les grosses des » jugements rendus dans les Pays-Bas peuvent être mises à exécu-» tion dans tout le royaume. — Elles porteront en tête les mots : » *au nom du roi*. — Elles seront signifiées à personne ou domicile, » de la manière prescrite par l'art. 4 de ce Code. »

Art. XXXVII. Espagne [1].

329. L'*Espagne* ne possède aucune loi ancienne ou moderne sur la matière de l'exécution des jugements rendus en pays étranger. Il n'existe pas non plus des traités relatifs à cette exécution, conclus entre l'Espagne et d'autres États. L'usage et la jurisprudence des tribunaux ont établi le principe que les jugements rendus en pays étranger ne sont pas regardés comme *res judicata* et qu'ils ne peuvent sortir aucun effet en Espagne. Ce principe a sa base dans deux anciennes lois qui, cependant, n'ont pas été rendues en vue des jugements des tribunaux étrangers. La loi XXXVIII du Code appelé *fuero viego de Castilla*, en parlant des jugements, dit que, pour avoir force et exécution, ils doivent être rendus par des juges espagnols et prononcés au nom du roi. La seconde loi se trouve au nombre de celles appelées *de toro* (*Leyes de toro*), et qui sont l'œuvre des rois catholiques Ferdinand et Isabelle; elle déclare que « sont seuls exécutoires les jugements » des tribunaux compétents du royaume. »

Covarruvias [2] dit que les juges ne peuvent mettre à exécution des jugements autres que ceux rendus par les tribunaux investis par le roi d'une juridiction établie par une loi. Le comte de la Caciada [3] déclare qu'un Espagnol ne peut invoquer, ni contre un autre Espagnol,

---

[1] Nous devons l'exposé ci-après à M. de Tejada, jurisconsulte espagnol, un des collaborateurs de la *Revue*, ancien procureur général à la cour suprême de justice à Madrid.

[2] Dans son traité intitulé: *Opus juris civilis*, liv. III, ch. 14, p. 243.

[3] *De las leyes civiles*, liv. III, ch. 8, p. 325.

ni contre un étranger , un jugement rendu hors du territoire espagnol et d'après des lois qui ne sont pas pro-
mulguées ou reconnues par le roi.

330. On voit que le droit espagnol est encore moins
conforme aux doctrines des auteurs qui ont écrit sur le
droits des gens, que ne l'est la législation française. En
France, celui qui a obtenu, à l'étranger, un jugement,
soit contre un Français, soit contre un étranger qui réside momentanément en France , peut faire assigner son
débiteur devant le tribunal du domicile ou de la résidence de ce dernier , pour voir déclarer exécutoire le
jugement étranger. En Espagne , cette demande ne
saurait être reçue : le jugement étranger n'est compté
pour rien : on ne lui reconnaît pas la qualité d'un
jugement (*res judicata*), et dès lors celui au profit
duquel il a été rendu ne peut pas demander que ce
jugement soit déclaré exécutoire. Aussi les tribunaux
espagnols ne procèdent pas à la révision du jugement
étranger. Celui qui l'a obtenu doit former une nouvelle demande , la suivre d'après les règles de la procédure admises dans le royaume et l'appuyer des lois es-
pagnoles. Le jugement étranger peut seulement être pris
en considération , par les tribunaux espagnols , comme
un document propre à établir une présomption favo-
rable à la justice de la demande : mais, nous le répétons,
on ne regarde comme *res judicata* que ce qui a été jugé
par les tribunaux qui tiennent du roi leur pouvoir de
juridiction.

ART. XXXVIII. Portugal [1].

331. Le pouvoir judiciaire ne résidant, en Portugal ,

---

[1] Communication de M. le docteur Mello, conseiller à la cour
d'appel de Lisbonne. M. Mello n'a pu nous donner des renseigne-

que dans les autorités du royaume[1], il s'ensuit nécessairement que les jugements étrangers ne peuvent jamais former *res judicata* dans ce pays; et par conséquent les points décidés par ces jugements peuvent et
doivent être examinés de nouveau par les tribunaux
portugais, dès que l'une des parties le réclame; et les
jugements étrangers ne peuvent sortir leurs effets qu'a-
près avoir été confirmés par les tribunaux du royaume.
La dernière loi sur la matière est la *Nouvelle réforme
judiciaire* du 21 mai 1841, sect. 3, chap. 2 : « De la
compétence des *Relaçoes* » (tribunaux de justice),
art. 44, § 5. Cette disposition est ainsi conçue : « Ré-
» viser et confirmer les jugements rendus par les tribu-
» naux étrangers, pour qu'ils puissent avoir leur exé-
» cution, sauf ce qui pourrait être établi par des traités,
» et le cas de convention entre les parties, faite et signée
» devant le juge, et confirmée par un jugement du
» tribunal de l'exécution. »

En règle générale, on n'admet pas en Portugal une
distinction entre les jugements rendus dans un pays
étranger où, par réciprocité, les jugements étrangers
reçoivent sans difficulté leur exécution, et ceux des pays
où, comme en France, les tribunaux refusent d'exécuter *de plano* les jugements rendus à l'étranger. Les
Portugais et les étrangers résidant en Portugal sont
presque également protégés par les lois : toutefois, il y

---

ments positifs sur l'existence de traités entre le Portugal et d'autres
États concernant l'exécution réciproque des jugements.

[1] *Ordenaçoes*, liv. 2, sect. 26. Des droits du souverain, § 1.
« *Item*, pouvoir faire des officiers... pour administrer la justice. »
Charte de D. Pedro, art. 118. « Le pouvoir judiciaire est indépen-
» dant, et il sera composé de juges, de jurés, etc. »

a des distinctions en faveur du sujet portugais, mais aucune de ces distinctions ne s'applique au cas de jugements rendus en pays étranger.

Pour arriver, en Portugal, à l'exécution d'un jugement rendu en pays étranger, il faut que le tribunal étranger qui a rendu le jugement adresse une commission rogatoire au tribunal portugais dans le ressort duquel l'exécution doit avoir lieu : il ne suffit pas que la partie qui a obtenu le jugement s'adresse directement au tribunal portugais, en personne ou par mandataire. Le jugement présenté par la partie, sans commission rogatoire, ne saurait être pris en considération autrement que comme une pièce à apprécier à titre de preuve. L'examen du tribunal portugais porte sur la rédaction de la commission rogatoire, sur les formes observées dans la procédure qui a précédé le jugement, et sur le fond de la décision. Cette décision sera soumise à une révision, et le jugement sera confirmé, s'il y a lieu. Les parties peuvent se faire représenter par des mandataires, sauf les cas spéciaux où, suivant les lois de procédure, elles doivent comparaître en personne.

Art. XXXIX. Suède [1].

332. Les tribunaux *suédois* ne reconnaissent point aux jugements et arrêts rendus par les tribunaux étrangers l'autorité de la chose jugée : l'affaire est instruite et jugée de nouveau ; seulement, les tribunaux suédois prennent en considération l'exposé des faits contenus

---

[1] Nous devons la communication des renseignements relatifs à la Suède et à la Norwége à l'obligeante intervention de M. le comte de Loewenhielm, ministre de S. M. le roi de Suède et de Norwége près S. M. le roi des Français.

dans le jugement du tribunal étranger, et les motifs de ce jugement. Il est donc loisible à la partie condamnée de reproduire, devant le tribunal suédois, tous les moyens qu'elle a déjà fait valoir devant le tribunal étranger, et qui ont été rejetés par celui-ci. En règle générale, les lois suédoises en matière mixte, c'est-à-dire en matière à la fois politique et judiciaire, sont fondées sur le principe de la réciprocité; mais ce principe ne régit pas la question de l'exécution des jugements rendus en pays étranger. On ne distingue pas entre les jugements émanés des tribunaux d'un pays où les jugements suédois auraient *de plano* force de chose jugée, et ceux rendus dans un État où il n'en est pas ainsi. La législation suédoise n'offre aucune disposition spéciale sur l'exécution des jugements rendus par les tribunaux étrangers. Le Code interdit la citation de lois étrangères; mais cette disposition a eu en vue l'abus fait des textes des lois romaines, et la jurisprudence des tribunaux suédois permet d'argumenter des lois étrangères dans tous les cas où le point de droit ne peut être autrement établi.

Art. XL. Norwége [1].

333. En Norwége, il n'existe pas non plus de loi spéciale sur la matière, et elle n'est pas régie par le principe de la réciprocité. Les tribunaux norwégiens ne regardent pas comme *res judicata* et ne font pas mettre à exécution les jugements de tribunaux étrangers; la partie condamnée est admise à faire valoir, devant les tribunaux norwégiens, tous les moyens qui ont été repoussés par le tribunal étranger.

---

[1] *V.* l'observation relative à la *Suède.*

Art. XLI. Russie.

334. En *Russie*, et aux termes d'une ordonnance impériale de l'année 1827, l'exécution d'un jugement étranger n'a lieu qu'après un nouvel examen du fond de la décision [1]. Une disposition spéciale, conforme à ce principe, porte que les jugements des tribunaux étrangers ne peuvent être mis à exécution sur les immeubles du débiteur situés en Russie : le demandeur doit former une nouvelle action devant le tribunal de la situation des immeubles [2]. Nous avons déjà fait mention, *suprà*, n° 310, du traité conclu entre la France et la Russie le 11 janvier 1787.

Art. XLII. Grande-Bretagne et États-Unis.

335. La jurisprudence *anglaise* et *écossaise* a établi, quant à l'exécution des jugements rendus à l'étranger, un système qui diffère à la fois du principe de la réciprocité et du principe contraire admis dans le droit français. En Angleterre on ne refuse pas, en thèse générale, tous leurs effets aux jugements rendus en pays étranger : on n'exige pas non plus la réciprocité comme condition *sine quâ non* ; la seule condition rigoureusement exigée, c'est que le jugement émane du tribunal compétent. Ce caractère essentiel établi, les cours de justice anglaises ne procèdent cependant pas par forme de simple *exequatur*, c'est-à-dire elles ne déclarent point exécutoire le jugement étranger ; elles ne se regardent pas comme liées par ce jugement [3]. Celui qui l'a

---

[1] M. de Puttlingen, § 136, p. 154.

[2] Lois civ., X., 2294. *V.* la *Revue étrangère*, t. III, p. 270, n° 76.

[3] *V.* la *Gazette des tribunaux* du 14 décembre 1841.

obtenu doit former, devant la cour anglaise compétente, une nouvelle demande tendant à se faire adjuger ce qui fait l'objet du jugement étranger. Devant la cour anglaise ce jugement est regardé comme un *titre* décisif faisant preuve complète de la dette, tant que la partie adverse n'en a pas démontré l'irrégularité. A défaut de cette justification, le tribunal anglais rend un nouveau jugement de condamnation.

Cet état de la jurisprudence est attesté par MM. Kent[1], Story[2], Wheaton[3], Burge[4] et Ockey[5]. On trouve dans les ouvrages de MM. Kent, Story et Burge, de nombreuses décisions des cours anglaises et écossaises rendues dans le système que nous venons d'indiquer. Voici les termes dans lesquels M. Wheaton[6] a résumé cette doctrine.

« D'après la législation *anglaise* le jugement rendu par un tribunal étranger compétent est décisif lorsqu'il s'élève une contestation sur le même objet entre les même parties : et ce jugement forme *exceptio rei judicatæ* contre toute nouvelle demande fondée sur la même cause. Un jugement étranger constitue *primâ facie* la preuve de la demande, lorsque la partie qui l'a obtenu requiert les tribunaux anglais de le confirmer ; le défendeur est obligé d'attaquer le jugement, c'est-à-dire de justifier que ce jugement a été irrégulièrement obtenu. A défaut de cette justification, le juge-

---

[1] T. II, p. 118.
[2] § 584, p. 491 et suiv.
[3] T. I, p. 188.
[4] T. III, p. 1049 et suiv.
[5] V. *Foreign judgment*.
[6] A l'endroit cité.

ment est admis comme preuve de la dette : la cour anglaise, saisie de la cause, reconnaît l'existence de la dette et ordonne les mesures d'exécution nécessaires. Mais lorsque l'examen de la procédure, à la suite de laquelle le jugement étranger a été rendu, établit que ce jugement a été obtenu injustement ou frauduleusement, sans que la partie condamnée ait eu personnellement connaissance de l'instance, ou lorsqu'il est démontré clairement et sans équivoque, par des preuves externes, que le jugement est basé sur de fausses prémisses ou sur des raisons insuffisantes ou sur une violation évidente de la loi locale ou étrangère, le jugement ne sera pas confirmé par les tribunaux anglais. »

Une déclaration donnée en 1840, par l'ambassadeur d'Angleterre à Paris [1], constate le même principe.

Un arrêt rendu par la cour de l'Échiquier à Londres, statuant comme cour de droit commun, dans la session de Trinité (22 mai au 12 juin) 1834, a jugé dans ce sens [2]. Il s'agissait de l'exécution d'une sentence d'arbitres forcés prononcée à Paris.

336. « Aux *États-Unis d'Amérique*, » dit M. Whea- « ton, la même jurisprudence est admise relativement aux jugements et décrets rendus par les tribunaux d'un État étranger à l'Union. » Ce principe est également professé par MM. Kent [3] et Story [4]. — « Mais, » continue M. Wheaton, « le jugement rendu dans l'un des États qui composent cette Union a, dans tous les autres, l'autorité et les effets que lui accordent les lois de

---

[1] Sirey, 1841, II, 193, en note.
[2] V. *infrà*, n° 337.
[3] T. II, p. 120.
[4] § 608.

l'État dans lequel il a été rendu , c'est-à-dire il produit le même effet décisif qu'un jugement rendu dans l'État même. » — En effet, l'article 45 de la constitution porte : « Dans chaque État, les actes publics, docu- » ments et procédures judiciaires des autres États au- » ront pleine autorité. Le congrès pourra , par des lois » générales, prescrire le mode de faire preuve desdits » actes, documents et procédures et en régler les ef- » fets. » C'est ce qui a été fait par acte du congrès en date du 26 mai 1790 , chap. 2 [1].

337. Pour mieux faire connaître le mode de procéder en Angleterre, afin d'arriver à l'exécution d'un juge- ment étranger, nous empruntons à un recueil d'arrêts (*Reports*) le détail des procédures qui ont précédé un arrêt rendu dans la session de Trinité, 1834, par la cour de l'échiquier séant à Londres, statuant comme cour de droit commun [2].

MM. Beauvais et Furnival s'étaient associés à Paris. L'art. 12 de l'acte de société était ainsi conçu :

« En cas de discussion, les parties reconnaissent la juridiction du tribunal de commerce séant à Paris, dé- partement de la Seine, et elles seront soumises à deux arbitres négociants respectivement nommés par elles , qui , en cas de désaccord , auront la faculté de nommer un troisième pour les départager : les deux ou les trois arbitres pourront également être nommés par ledit tri- bunal de commerce , à la réquisition de l'une des par- ties, et la décision d'accord ou celle du partage sera sou- veraine et sans recours en appel. »

---

[1] M. Kent, t. II , p. 118 et 120. M. Story , § 609.

[2] *Tyrwhith's reports*, vol. IV, p. 751. Nous devons cette communi- cation à M. Carey , avocat à Londres, collaborateur de la *Revue*.

Des discussions s'étant élevées entre les parties, M. Beauvais fit citer M. Furnival devant le tribunal de commerce de Paris; les parties nommèrent des arbitres : celui désigné par M. Furnival n'étant pas Français, le tribunal de commerce refusa de l'admettre, et, procédant par défaut contre M. Furnival, il nomma un autre arbitre à la place du premier.

Sur l'appel, ce jugement fut confirmé par la cour royale.

Les deux arbitres rendirent leur sentence, qui fut déclarée exécutoire par le président du tribunal de première instance, et cette ordonnance fut ensuite confirmée en appel [1].

Par jugement du tribunal de commerce, Beauvais fut déclaré en état de faillite. M. Alivon et deux autres furent nommés syndics provisoires, avec pouvoir d'agir ensemble ou séparément, l'un en cas d'empêchement ou d'absence de l'autre, sous la surveillance de M. le juge-commissaire.

M. Alivon et l'un des deux autres syndics de la faillite Beauvais poursuivirent M. Furnival en Angleterre, en vertu de la sentence arbitrale, afin d'avoir payement de la somme adjugée à Beauvais contre lui.

Le défendeur Furnival opposa différentes exceptions :

1° Que l'existence de l'acte de société n'a pas été établie d'après les règles prescrites par les lois anglaises en matière de preuves ; ces lois n'admettent point comme

---

[1] Avant qu'il eût été statué sur cet appel par la cour royale de Paris, le défendeur avait opposé une fin de non recevoir tirée de la simple existence de l'appel ; mais la cour de l'échiquier ne s'y arrêta pas, par la raison que l'appelant n'avait pas suivi sur l'appel. (*Law Magazine*, vol. XIII, p. 460, v° *Foreign judgment*.)

preuve la copie d'un titre, à moins qu'il n'ait été démontré que la partie se trouve dans l'impossibilité de produire l'original. Dans l'espèce, l'original de l'acte de société avait été déposé chez un notaire, pour mieux le conserver, et il avait été présenté à Paris, devant les commissaires qui y avaient été députés par ordre de la cour (de l'échiquier), à l'effet d'entendre des témoins ; une copie de cet acte, délivrée en même temps, avait été produite devant la cour. Il a été établi par la déclaration d'un avocat français, qu'un usage constant en France empêche les notaires de se dessaisir des documents qui ont été déposés entre leurs mains. La cour a reconnu qu'il en était ainsi, et que la copie d'un titre déposé peut être admise comme preuve.

2° Une autre exception contre l'admissibilité de la copie consistait en ce qu'il est dit, dans l'acte de société, qu'il était fait double ; on invoquait l'art. 1325 du Code civil pour démontrer la nécessité de l'existence de deux originaux. On en concluait que, si l'un d'eux avait été déposé chez un notaire, l'autre pouvait être produit. La cour a décidé que l'existence du double original n'était pas suffisamment établie pour exclure la copie : en conséquence, elle déclara que la copie produite formait preuve suffisante de l'acte de société.

3° La troisième exception était dirigée contre la sentence arbitrale ; cette exception se divisait en trois parties : *a*, le tribunal de commerce, disait le défendeur, ne pouvait annuler la nomination d'un arbitre faite par M. Furnival ; *b*, s'il y avait lieu, par le tribunal, à nommer un arbitre, il devait, selon la teneur de l'acte de société, les nommer tous les deux ; *c*, le tribunal était tenu de nommer un négociant, et il n'est pas établi que la personne par lui nommée était un négociant.

...ais la cour a reconnu qu'on doit présumer que le tribunal français a procédé selon les lois de France, tant
que le contraire n'est pas positivement prouvé ; et
que, bien que les parties fussent obligées par le contrat
de nommer des négociants, cette restriction ne liait pas
le tribunal.

4° Il fut opposé que la sentence elle-même était nulle,
les arbitres ayant excédé leurs pouvoirs. La cour a rejeté cette exception parce que, dit-elle, il n'est pas établi que les arbitres aient adopté, dans leur décision, un
principe contraire à la justice naturelle, ou non conforme aux lois de France.

5° Il fut opposé que les deux syndics qui ont agi seuls,
au nom de tous les trois syndics, ne le pouvaient pas
sans la coopération du troisième, lorsqu'il n'était pas
justifié de l'incapacité ou de l'absence de ce dernier.
Mais la cour a reconnu que, les deux syndics ayant soutenu seuls la demande en France, la coopération du
troisième n'était pas nécessaire en Angleterre, et qu'en
tout cas cette exception ne pouvait pas être invoquée par
le défendeur.

Il a encore été opposé que les syndics n'avaient pas
intenté l'action sous la surveillance du juge-commissaire. Cette irrégularité a été reconnue par la déclaration d'un avocat français ; mais ce dernier a ajouté que
le défaut d'autorisation du juge-commissaire n'entraîne
pas la nullité des actes des syndics, et qu'il ne saurait
former une exception contre l'action intentée par eux.
En conséquence, la cour a décidé que les deux syndics
étaient en droit de former l'action sans la coopération
du troisième et sans l'autorisation du juge-commissaire.

Enfin, on avait fait remarquer que Beauvais se trouvait en état de faillite. Mais la cour ne s'est pas arrêtée à cette circonstance.

La cour de l'échiquier a déclaré le défendeur tenu de payer aux demandeurs les sommes adjugées par la sentence arbitrale.

§ 2. De la juridiction volontaire.

338. L'exercice de la juridiction volontaire, aussi bien que l'exercice de la juridiction contentieuse, tire son origine uniquement du pouvoir souverain de l'État, par l'effet de la nomination, faite par ce pouvoir ou par ses délégués, des magistrats ou autres personnes chargées d'administrer les deux espèces de juridiction. Par une conséquence ultérieure, et conformément au principe de l'indépendance des nations, dans la rigueur du droit, les actes de juridiction volontaire ne peuvent avoir d'effet dans les pays étrangers, et l'autorité de ces actes doit perdre sur la frontière sa force civile, tout comme l'autorité de la chose jugée en juridiction contentieuse [1].

Cependant, il s'est formé entre les nations un usage presque général d'admettre réciproquement l'autorité des actes de juridiction volontaire. Une nécessité [2] plus impérieuse que celle qui a fait admettre, dans divers États, l'autorité réciproque de la chose jugée en juridiction contentieuse, commande l'admission de l'autorité des actes de juridiction volontaire : en effet, ainsi qu'on le verra ci-après, les actes de juridiction volon-

---

[1] V. *suprà*, n° 196, Martens, Droit des gens, § 98. M. Pardessus, n° 1467, 1°.

[2] *Usu exigente et humanis necessitatibus.* § 2. *Inst. de jure nat. gent. et civ.*

taire sont d'une application bien plus fréquente dans les relations entre les nations, que ne le sont les décisions rendues par la juridiction contentieuse. Très-souvent les actes de la vie civile, passés entre des citoyens de divers États, deviendraient complétement impossibles si l'on refusait en pays étranger toute autorité aux actes de juridiction volontaire : même les regnicoles éprouveraient fréquemment un préjudice notable par le refus général d'admettre l'autorité des actes de juridiction volontaire passés en pays étranger et qui les concernent [1].

Aussi nous allons démontrer que, même dans les États qui, comme la France, refusent de reconnaître l'autorité de la chose jugée en pays étranger, on admet généralement l'autorité des actes de juridiction volontaire passés à l'étranger.

339. Nous avons rapporté *suprà*, n° 195, les définitions, données par les auteurs, des actes de juridiction volontaire, par opposition aux actes de juridiction contentieuse [2].—Nous ajouterons celle donnée par Glück [3] : « La juridiction contentieuse a pour objet l'examen et la décision des causes litigieuses, ainsi que l'exécution des décisions ; tandis que la juridiction volontaire s'exerce dans les affaires qui n'offrent point de contestations, et

---

[1] Vattel, liv. 2, ch. 7, § 85, et la note de M. Pinheiro-Ferreira. Martens, à l'endroit cité, et la note de M. Pinheiro-Ferreira. Klüber, § 57. Schmalz, Traduction, p. 156 et 157. M. Rauter, Procédure civile, p. 168, 2°.

[2] Aux auteurs cités dans les notes du n° 195, on peut ajouter : de Reinhard, t. I, p. 333 ; Vattel, Martens et Klüber, aux endroits cités ci-dessus. M. Mittermaier, Procédure civile comparée, t. II, p. 47 et suiv.

[3] Commentaire, t. III, § 193, p. 92.

dans lesquelles la personne chargée de l'exercice de cette juridiction n'a qu'à accorder une confirmation ou une attestation publique. »

Les législations européennes, quoiqu'elles n'aient pas textuellement sanctionné ces définitions, les reconnaissent cependant implicitement, et le terme « juridiction volontaire, » est généralement reçu [1]. Mais ces législations ne sont pas d'accord quant à la place à assigner aux divers actes dans l'une ou l'autre des deux classes de juridiction : l'acte qui, dans tel État, appartient à la juridiction contentieuse, rentre ailleurs dans la juridiction volontaire, et *vice versâ*. Ainsi l'interdiction des individus qui se trouvent dans un état habituel de démence ou de fureur, et la nomination d'un conseil aux prodigues ne peuvent être prononcés, en France, que par la voie contentieuse (art. 489 et suiv. du Code civil), tandis qu'en Allemagne ces deux actes appartiennent à la juridiction volontaire.

340. Les deux espèces de juridiction se distinguent encore par la qualité des personnes appelées à les exercer. Une règle consacrée dans tous les états civilisés n'appelle à l'exercice de la juridiction contentieuse que les juges revêtus de ce caractère par une nomination émanée du pouvoir souverain. La dénomination « actes de juridiction volontaire, » n'a pas pour conséquence nécessaire que ces actes doivent être l'œuvre d'un magistrat de l'ordre judiciaire : cette dénomination comprend et embrasse tous les actes auxquels la coopération, l'assistance ou la présidence d'un officier public imprime le sceau de l'autorité. Aussi il existe à

---

[1] Il faut excepter l'Angleterre et les États-Unis, où le terme « juridiction volontaire » est inconnu.

ce sujet une variété infinie entre les lois des divers États. En règle générale, les juges chargés de la juridiction contentieuse le sont également d'une partie plus ou moins considérable des actes de juridiction volontaire, et le surplus des actes de cette catégorie appartient à d'autres fonctionnaires ou officiers publics de l'ordre administratif ou judiciaire ; quelquefois même de simples citoyens sont appelés, soit à procéder seuls à ces actes, soit à y concourir avec des officiers publics. Ainsi en France la nomination du tuteur d'un mineur est rangée dans la catégorie des actes de juridiction volontaire, bien que le juge de paix ne fasse que présider le conseil de famille et que la majorité des membres de ce conseil puisse emporter le choix d'un individu autre que celui auquel le juge de paix donne sa voix. En Prusse un commissaire de justice[1] ou un notaire peuvent procéder à certains actes de juridiction volontaire ; de même en France on doit ranger dans cette classe les actes des notaires et les légalisations données par les fonctionnaires de l'ordre administratif. Nous donnerons par la suite d'autres exemples encore qui éclairciront cette distinction.

« Les deux espèces de juridiction, » dit Glück [2], « ont pour but de garantir les droits des parties ; mais cette garantie n'est pas la même dans les deux cas. Le but de la juridiction contentieuse est de garantir et de rétablir les droits déjà lésés : la juridiction volontaire établit des garanties contre des lésions futures. D'où il suit qu'à proprement parler, les actes de la première

---

[1] Officier public qui exerce à la fois les fonctions confiées en France aux avocats, aux avoués et aux notaires.

[2] Commentaire, t. III, § 193, p. 93.

catégorie entrent seuls dans les attributions du pouvoir judiciaire ; et si la loi charge les magistrats revêtus de ce pouvoir de procéder également aux actes qu'on appelle de juridiction volontaire, c'est là une attribution spéciale conférée à ces magistrats, et qui ne rentre pas nécessairement dans l'exercice de leurs fonctions. »

341. Nous indiquerons les actes que les auteurs français rangent dans la catégorie des actes de juridiction volontaire, et ceux que le droit commun allemand place dans la même catégorie. Nous ajouterons quelques notions relatives à la législation de la Prusse, la plus complète sur la matière. Nous ferons suivre ces énumérations de l'indication de deux distinctions établies par les auteurs, et nous expliquerons ensuite les principes qui doivent être suivis en cette matière dans les cas de conflit entre les lois des différentes nations.

342. Nous avons reproduit *suprà*, n⁰ 195, l'énumération donnée par Merlin des actes qui, *en France*, sont comptés parmi les actes de juridiction volontaire. Nous compléterons cette énumération en citant l'assistance du juge de paix à la rédaction de l'acte de notoriété ayant pour objet de suppléer l'acte de naissance, et l'homologation de cet acte par le tribunal de première instance (art. 70 et 72 du Code civil); la nomination du curateur d'un absent dans le cas de l'art. 112 du Code civil; du curateur au ventre (art. 393 du même Code); du curateur d'un mineur émancipé (art. 480 du même Code); de celui d'une succession vacante (art. 811 et 812); du curateur nommé en cas de délaissement par hypothèque (art. 2174), ou de condamnation en matière criminelle (art. 29 du Code pénal). Dans tous ces cas, le juge ne fait qu'interposer son autorité, sans faire

usage de son pouvoir de décider les contestations. Nous ajouterons la permission de justice à l'effet d'aliéner ou d'échanger l'immeuble dotal (art. 1558 et 1559 du Code civil); la déclaration d'absence (art. 115 et suiv. du Code civil)[1] et la déclaration de faillite (art. 440 du Code de commerce). En effet, ces deux derniers actes, quoiqu'ils portent la dénomination de jugements, sont passés sans contradiction : la faillite est prononcée, soit sur la déclaration faite par le failli, soit sur la demande unilatérale des créanciers, soit d'office; la contradiction dont le ministère public est chargé dans la procédure qui précède la déclaration d'absence (art. 114 du Code civil) se réduit au fond à des informations prises dans l'intérêt du présumé absent; la procédure n'est pas véritablement contradictoire avec l'absent, comme elle l'est, par exemple, dans le cas d'interdiction (art. 496 du Code civil, 893 et 894 du Code de procédure civile), ou en cas de refus du mari d'autoriser sa femme, soit à ester en jugement, soit à contracter (art. 218 et 219 du Code civil, 861 et suiv. du Code de procédure civile). En cas de déclaration d'absence, de faillite, d'aliénation ou d'échange d'immeubles dotaux, il ne s'agit, pour le juge, que d'accorder une attestation publique du fait de l'absence ou de la faillite, ainsi que des faits énoncés aux art. 1558 et 1559 du Code civil.

343. Le *droit commun de l'Allemagne*[2] range parmi les actes de juridiction volontaire l'émancipation, l'a-

---

[1] Avec Henrion de Pansey, de l'Autorité judiciaire, chap. 14, et contre l'avis de Merlin, *ibid.*, n° 2, à la fin.

[2] Glück, Commentaire, t. III, § 193, p. 97 et suiv.; t. XXXIII, § 1390, *d.*, p. 165, § 1397 et suiv.

doption, la confirmation judiciaire de la vente de biens
immeubles et d'autres contrats, les procurations reçues en justice, les testaments reçus en justice et l'ouverture de ces testaments, les ventes publiques volontaires, l'apposition des scellés et la confection de
l'inventaire d'une succession, le dépôt et la consignation de deniers entre les mains d'un magistrat ou d'un
tribunal, la nomination de tuteurs ou curateurs aux
mineurs, aux individus en état de démence ou de fureur, aux prodigues ou aux absents, l'aliénation ou l'hypothèque des immeubles des mineurs, le payement de
sommes dues à un mineur, la confirmation d'une transaction sur des aliments futurs, d'une donation entre-
vifs de valeur au-dessus de 500 ducats, de contrats
dans lesquels l'État est intéressé, de conventions matrimoniales faites au moment du contrat d'un veuf ou d'une
veuve, et par lesquelles il est stipulé, soit que les enfants
du premier mariage jouiront, dans la succession des
nouveaux époux, des mêmes droits que ceux qui naî-
tront du second mariage (*Einkindschaft*), soit que les
droits des enfants du premier mariage sont réduits à
une somme ou quotité déterminée (*Abfindung*).

344. En *Prusse*[1], on divise les actes de juridiction volontaire en deux classes : ceux de la première doivent
nécessairement être passés ou reçus devant un tribunal
à ce désigné par la loi ; ceux de la seconde peuvent
être faits ou reçus devant un tribunal quelconque du
royaume. Nous nous dispenserons d'énumérer tous les
actes qu'embrasse cette distinction. Nous nous bornerons
à faire remarquer que les parties sont libres de passer devant un tribunal ou bien devant un commissaire de jus-

----

[1] Code de procédure civile, partie II, tit. I.

tice ou un notaire les actes ci-après dénommés qui sont compris dans la seconde classe, savoir : les contrats passés par des individus qui ne savent pas écrire ou qui en sont empêchés, ou qui ignorent la langue dans laquelle le contrat a été passé; les reconnaissances de dettes en vertu desquelles on peut invoquer la procédure sommaire; les baux de biens ruraux, lorsque le fermage annuel dépasse 200 écus (720 fr.); les fiançailles, lorsque les publications n'ont pas encore eu lieu du consentement des deux parties; les conventions matrimoniales passées avant la célébration du mariage; enfin, tous les actes destinés à faire foi et preuve en justice sans y avoir été formellement reconnus.

345. Les législations allemandes diffèrent de celle de la France, relativement à deux matières appartenant à la juridiction volontaire : l'absence et la déclaration de faillite.

En Allemagne, on commence par nommer un curateur aux biens d'un présumé absent [1]. Les législations particulières établissent une présomption de la mort de l'absent, lorsque l'absence a continué pendant un temps assez prolongé, qui est diversement fixé en Autriche [2], en Prusse [3], en Bavière [4], en Wurtemberg [5], en Saxe [6] et dans le grand-duché de Hesse [7]. Ce temps expiré, le

---

[1] Glück, Commentaire, t. XXXIII, § 1397 et suiv. M. Mittermaier, Principes, § 147.

[2] Code civil, § 24.

[3] Code général, part. 2, tit. 18, §§ 823, 830 et 831. Ordonnance royale relative aux militaires absents, du 13 janvier 1817.

[4] Code civil, chap. 7, § 39.

[5] M. de Weishaar, t. II, p. 870.

[6] Glück, *ibid.*, p. 289 à la note.

[7] M. Bopp, le Jurisconsulte, p. 746.

juge du domicile de l'absent, sur la demande des héritiers présomptifs, et après des publications insérées dans les journaux , mais sans instruction contradictoire, constate l'accomplissement des conditions requises par la loi , et déclare l'absent mort. Cette déclaration implique , pour les héritiers présomptifs, le droit de se mettre en possession de la succession.

L'état de faillite d'un commerçant et celui de déconfiture d'un non commerçant sont placés sur la même ligne, en Allemagne, sous la dénomination de *Concurs* des créanciers [1]. Cet état est déclaré sans procédure contradictoire : le juge du domicile du débiteur commun constate le fait de l'insolvabilité, il nomme un curateur, et il convoque les créanciers [2].

346. Il est inutile de faire observer qu'il ne suffit pas qu'un acte du juge intervienne entre des parties qui sont d'accord, pour le ranger dans la classe des actes de juridiction volontaire. Merlin s'exprime à cet égard dans les termes suivants [3] : « Un jugement rendu entre deux parties dans une matière sujette à litige, et sur laquelle leurs intérêts et leurs volontés se trouvent accidentellement en harmonie, n'en appartient pas moins à la juridiction contentieuse, parce qu'il y a nécessairement juridiction contentieuse là où il y a pouvoir de

---

[1] *V*. la *Revue étrangère* , t. 1 , p. 577 et suiv.

[2] V. la *Revue étrangère* , à l'art. cité. Martin, § 321 et suiv. Bayer, Procédure de faillite , etc. — Règlement général sur le *Concurs* des créanciers en Autriche, §§ 1 et 2. Code de procédure civile de Prusse, part. 1 , tit. 50 , § 4 et suiv. Code de procédure civile de Bavière, ch. 19, et loi du 1er juin 1822 (De Spies, Recueil des suppléments) , p. 87 et suiv.

[3] Répert., v° Juridiction gracieuse, n° 1 , *V*. Voet , ad ff. tit. *de Jurisdict*. n° 3.

commander à l'une des parties ce que l'autre exige d'elle. »

347. Les auteurs français[1] établissent une distinction entre les actes de juridiction volontaire qui n'exigent aucune connaissance de cause (*causæ cognitio*), et ceux qui ne peuvent être faits qu'en connaissance de cause. Dans le première classe se trouvent, suivant Merlin, l'ouverture d'un testament olographe ou mystique, et l'ordonnance qui ordonne le dépôt de ces actes dans les minutes d'un notaire, comme aussi l'émancipation : tous les autres actes de juridiction volontaire appartiendraient à la seconde classe.

Nous croyons devoir ajouter à la première catégorie, entre autres, la permission du tribunal à l'effet d'aliéner ou d'échanger l'immeuble dotal, la déclaration d'absence ou de faillite[2].

Suivant Merlin, l'effet de la distinction que nous venons d'indiquer serait que dans le premier cas, le juge ne saurait refuser l'interposition de son autorité, tandis que dans le second cas, il pourrait la refuser.

En Allemagne[3], on admet la même distinction, sous les dénominations de *jurisdictio voluntaria mera* et *jurisdictio voluntaria mixta* : on compte dans la première classe l'émancipation, l'adoption (lorsque les lois ou coutumes locales permettent d'en accorder la confirmation judiciaire sur la simple demande des parties), la confirmation judiciaire de la vente des biens immeubles

---

[1] Henrion de Pansey, de l'Autorité judiciaire, chap. 14. Merlin, au Répertoire, v° Juridiction gracieuse, n° 3 ; v° Testament, sect. 2, § 2, art. 5, n° 4 ; art. 6, n° 7.

[2] V. *suprà*, n° 342.

[3] Glück, Commentaire, § 193 ; t. III, p. 196 et suiv.

ou d'autres contrats (exigée dans plusieurs pays), les procurations ou testaments reçus en justice, l'ouverture des testaments, les ventes publiques volontaires, l'apposition des scellés et la confection de l'inventaire d'une succession, le dépôt et la consignation de deniers entre les mains d'un magistrat de l'ordre judiciaire : tous les autres cas non contentieux appartiennent à la *jurisdictio voluntaria mixta*. — Les Codes allemands n'expriment pas textuellement cette distinction.

348. Tous les actes de juridiction volontaire peuvent passer dans le domaine de la juridiction contentieuse, lorsqu'ils sont attaqués par une personne qui y a intérêt : *Voluntaria jurisdictio*, dit d'Argentré [1], et après lui Merlin [2], *transit in contentiosam interventu justi adversarii* [3]. Ainsi, en France, la dation de tutelle peut être attaquée par le tuteur nommé ou par des membres du conseil de famille [4]; l'ordonnance du président du tribunal qui envoie en possession le porteur d'un testament olographe ou mystique peut être attaquée par l'héritier *ab intestat* [5]; le débiteur peut former opposition à la déclaration de faillite. On trouvera ci-après, n° 351, d'autres exemples analogues. De même, dans le droit romain, l'individu adopté dans son enfance pouvait, à l'âge de la puberté, réclamer contre son adoption [6].

Dans tous ces cas et autres du même genre, le droit

---

[1] Sur la coutume de Bretagne, art. 1.

[2] Au Répertoire, v° Juridiction gracieuse, n° 2.

[3] Même langage dans Voet, ad ff., tit. *de Jurisdict.*, n° 3.

[4] Art. 823 du Code de procédure civile.

Favard, Répertoire, v° Testament, sect. 2, § 1, n° 5.

[6] L. 32 et 33 ff. *de adopt.* (1. 7.) De Wening-Ingenheim, liv. 4, § 399 (95). Merlin, v° Juridiction gracieuse, n° 2.

de réclamation appartenant à une partie n'empêche pas que, dans le principe, l'acte ne soit de juridiction volontaire.

349. Nous arrivons aux principes à suivre lorsqu'un acte de juridiction volontaire est invoqué devant les tribunaux d'un État autre que celui où il a été passé ou reçu.

350. En parcourant la série des actes que les auteurs et les lois comprennent sous la dénomination d'actes de juridiction volontaire [1], on demeure convaincu qu'aucun de ces actes n'est attributif de droits, comme le sont les jugements rendus en matière contentieuse : les actes de juridiction volontaire n'ont pas pour objet, comme ceux-ci, le fond du droit, mais seulement la constatation de certains faits, conventions, engagements ou dispositions, c'est-à dire la forme extérieure qui constate l'existence des uns et des autres. En effet, tous les actes de juridiction volontaire peuvent être rangés dans l'une ou l'autre des deux catégories suivantes : 1° ou ils constatent publiquement l'existence de certains faits qui, d'après le droit en vigueur dans l'État, entraînent, soit la capacité, soit l'incapacité pour un individu d'exercer tout ou partie des droits civils (l'adoption, la nomination du tuteur, l'émancipation, la *venia ætatis*, l'interdiction, etc.); 2° ou bien ils constatent l'existence de conventions, engagements ou dispositions de l'homme [2]. Dans l'un et l'autre cas, l'autorité du juge ou autre fonctionnaire ou officier public imprime, pour ainsi dire, aux faits, conventions, engagements ou dispositions, le sceau de l'autorité publique de l'É-

---

[1] V. *suprà*, nᵒˢ 342-345.
[2] V. *suprà*, nᵒˢ 195 et 342-344.

tat, et, par suite, ces faits, conventions, engagements ou dispositions produisent les effets que la loi leur attribue.

De là il suit que les actes de juridiction volontaire rentrent dans l'application des lois qui règlent la forme extérieure des actes. Nous avons expliqué [1] que la forme des actes est régie par la loi du lieu dans lequel ils ont été passés. Cette maxime s'applique aux actes judiciaires comme aux actes extrajudiciaires, aux actes de juridiction volontaire comme aux actes de procédure contentieuse [2]. Les attributions des autorités rentrent dans la catégorie des lois relatives aux formes des actes ; car un acte n'est pas revêtu de la forme nécessaire à sa validité, lorsqu'il a été fait ou reçu par un fonctionnaire que la loi n'a pas autorisé à cet effet [3].

De là résulte que pour apprécier la validité d'un acte de juridiction volontaire, considéré en lui-même et abstraction faite du fond de son contenu, il faut examiner, d'une part, si la personne, le fonctionnaire ou officier public qui a fait ou reçu l'acte, avait obtenu, par la loi du lieu de la confection, le pouvoir d'y procéder ; et, d'autre part, si cette personne a rempli les formalités extrinsèques prescrites. Dans l'affirmative, l'acte est valable en la forme.

Vient ensuite la question de sa validité intrinsèque, qui se juge, soit d'après le statut personnel de l'individu auquel s'applique l'acte de juridiction volontaire, soit d'après les distinctions que nous avons indiquées ailleurs [4].

---

[1] *Suprà*, n° 40 et suiv. (*Revue étrangère*, t. VII, p, 346.)

[2] *Suprà*, n° 79. (*Revue étrangère*, t. VII, p. 769.)

[3] V. *suprà*, n° 172. (*Ibid.*, t. VIII, p. 952.)

[4] V. *suprà*, n° 60 et suiv. (*Revue étrangère*, t. VII, p. 619 et suiv.)

Par une conséquence ultérieure, tout acte de juridiction volontaire doit sortir ses effets dans les pays
étrangers sous la triple condition : 1° qu'il ait été fait ou
reçu par un magistrat, officier public ou autre personne
investie, par la loi du lieu de la confection du même
acte, du pouvoir d'y procéder ; 2° que l'acte soit revêtu
des formalités prescrites par la même loi ; 3° que son
contenu soit conforme au statut qui régit soit la personne ou la chose à laquelle l'acte se rapporte, soit la
substance ou la matière de l'acte.

Ainsi, le tuteur du mineur français nommé par le
conseil de famille (art. 405 du Code civil) exerce en
Prusse, sur la personne et les biens du même mineur,
les droits que lui confère le Code civil, bien qu'en
Prusse la nomination du tuteur appartienne exclusivement au juge [1], et que l'institution du conseil de famille
y soit inconnue.

Vice versá, le tuteur constitué, par exemple, en Bavière, et autorisé par justice à vendre à l'amiable les
immeubles du mineur, pourra procéder à cette vente,
même lorsque lesdits immeubles sont situés en France [2].
De même, lorsque dans un pays étranger la loi ou la
coutume autorise les plus proches parents d'un individu
à prononcer son interdiction pour cause de démence ou
de prodigalité et à le placer sous l'autorité d'un tuteur
ou curateur, ce dernier sera fondé à exercer son autorité sur la personne et les biens de l'individu qui se
trouvent en France, bien que, d'après le Code civil
(art. 489 et suiv.), l'interdiction doive être précédée
d'une instruction contradictoire.

---

[1] Code général, part. II, tit. 18, §§ 56 et 90.
[2] Rodenburg, tit. II, ch. 1, n° 4.

De même encore, l'adoption faite en Allemagne entre sujets du même État et revêtue de la simple confirmation du juge, qui suffit pour sa validité [1], sortira ses effets en France relativement aux personnes et aux biens des parties qui s'y trouvent.

Enfin, il en sera de même des actes de juridiction volontaire passés à l'étranger et constatant des contrats, engagements et dispositions de l'homme.

351. Le principe énoncé au numéro précédent a été reconnu dans toute son étendue par les auteurs qui ont écrit sur le droit des gens, notamment par Vattel [2], Martens [3], Klüber [4], Schmalz [5] et M. Pinheiro-Ferreira [6].

D'autres auteurs se sont bornés à reconnaître le même principe relativement à certains actes de juridiction volontaire dont ces auteurs se sont spécialement occupés. C'est, en matière de tutelle ou de curatelle des mineurs, des interdits ou des prodigues, l'opinion de Rodenbourg [7], de Boullenois [8], de Christin [9], de Montanus [10], de Hommel [11], de Merlin [12] et de M. Burge [13]; Hert [14]

---

[1] M. Mittermaier, Principes, § 366.

[2] Liv. II, chap. 7, § 85.

[3] § 98, à la fin.

[4] § 57.

[5] Traduction, p. 156 et 157.

[6] Notes sur les passages cités de Vattel et de Martens.

[7] Tit. 1, ch. 3, n° 4; tit. 2, ch. 1, n° 4.

[8] Traité, tit. 1, ch. 2, observ. 4, p. 51 et 59.

[9] Vol. III, déc. 173, n° 6.

[10] *Tractatus de tutore, curatore*, etc., ch. 28, n° 40.

[11] Obs. 409.

[12] Répertoire, v° Faillite, sect. 2, § 2, art. 10, n° 2.

[13] T. III, p. 1002 et suiv.

[14] Sect. 4, § 12, et 14.

professe la même opinion relativement à la *venia ætatis* (émancipation complète) et à la légitimation par rescrit du prince.

En ce qui concerne la déclaration de faillite et la déclaration d'absence, la jurisprudence des tribunaux français et belges s'est fixée dans le même sens : les syndics nommés par le jugement déclaratif de la faillite[1] et le curateur nommé par justice à un absent, ou bien les héritiers envoyés en possession provisoire des biens d'un absent[2], peuvent exercer à l'étranger les droits de la masse ou de l'absent, sans avoir besoin de faire déclarer exécutoires les jugements dont il s'agit : ces jugements ne font que conférer une qualité pour faire valoir les droits d'une tierce personne.

Toutefois, quant au jugement déclaratif d'une faillite, l'affaire peut passer dans le domaine de la juridiction contentieuse[3], lorsqu'il se présente des questions autres que celle de la preuve de la qualité des syndics et de leur droit d'agir dans l'intérêt de la masse. Ainsi, lorsqu'un créancier, contestant l'état de faillite, exerce des poursuites individuelles sur la personne ou les biens du failli qui se trouvent dans un État autre que celui où il a son domicile et où la faillite a été déclarée, les tribunaux jugeront contradictoirement le mérite de la déclaration de faillite, c'est-à-dire la question de savoir si l'état de faillite existe en effet[4]; ils examineront éga-

---

[1] V. *suprà*, n° 304. Arrêt de la cour supérieure de justice de Bruxelles, du 21 juin 1820, rapporté par Merlin, au Répertoire, v° Faillite, sect. 2, § 2, art. 10, n° 2. Arrêt de la cour royale de Bordeaux du 10 février 1824, cité au n° 304.

[2] V. *suprà*, n° 304.

[3] V. *suprà*, n° 348.

[4] V. *suprà*, n° 302.

lement la question de savoir à quelle époque il y a lieu de fixer l'ouverture de la faillite[1]. De même, l'affaire deviendra contentieuse lorsque le failli invoque la chose jugée par le jugement déclaratif de la faillite, pour se soustraire aux poursuites individuelles exercées contre lui dans un autre État ; dans ce cas, la législation de cet État décidera la question de savoir si la chose jugée à l'étranger y exercera ses effets ou non : ainsi, en France, le jugement étranger ne fera pas obstacle aux poursuites individuelles contre un failli déclaré tel par un tribunal de sa patrie[2] ; il en sera de même de la décision d'une autorité étrangère qui accordera à un étranger un sursis aux poursuites de ses créanciers[3], ou d'un concordat passé et homologué en pays étranger[4].

352. Le principe énoncé au n° 350 a été également consacré par les traités relatifs à l'administration de la justice qui ont été conclus entre divers États allemands. Chacun de ces traités contient une section intitulée : « De la juridiction non contentieuse. » (*Gerichtsbarkeit in nicht streitigen Rechtssachén.*) C'est sous cette rubrique que se trouve, dans le traité conclu entre les gouvernements de Wurtemberg et de Bade, les 30 décembre 1825 — 3 janvier 1826[5], la disposition suivante (art. 22) : « Tous actes entre-vifs et à cause de mort » seront, en ce qui concerne leur validité quant à la » forme, appréciés selon la loi du lieu où ils ont été » passés, à moins que la convention elle-même ne se

---

[1] Arrêt de la cour royale de Bordeaux du 10 février 1824, déjà cit.

[2] V. *suprà*, n° 302.

[3] *Ibid.*

[4] *Ibid.*

[5] Martens, Nouv. rec., t. VI, p. 854.

» trouve en opposition avec une loi prohibitive en vi-
» gueur dans l'autre État. » Les traités que la Prusse a
conclus sur le même objet avec Saxe-Weimar, Saxe-
Altenbourg, Saxe-Cobourg-Gotha, Reuss-Plauen, le
royaume de Saxe, Schwarzbourg-Rudolstadt, Anhalt-
Bernbourg et Brunswick [1] offrent, sous la même rubrique, la disposition de l'art. 33 [2], littéralement conforme à la première partie de l'art. 22 du traité entre le
Wurtemberg et le Bade que nous venons de citer. Ce
dernier traité contient particulièrement, toujours dans la
même section, des dispositions concernant la tutelle et
curatelle des mineurs, des individus en état de démence,
des prodigues et des absents ; les deux gouvernements
se sont engagés réciproquement à reconnaître le tuteur
ou autre administrateur nommé par le juge du domicile
de l'incapable ou de l'absent. Des dispositions analogues
se trouvent dans l'art. 16 [3] de chacun des traités conclus
par la Prusse, et dont nous venons de parler.

---

[1] *Suprà*, n° 210.
[2] Dans quelques-uns de ces traités c'est l'art. 34.
[3] Dans quelques-uns de ces traités c'est l'art. 15.

ADDITIONS.

Au n° 227, page 44, avant l'alinéa, ajoutez :

Il y a exception relativement à l'exécution des jugements étrangers rendus en matière de recherche de paternité : ces jugements ne seront exécutés que lorsque
la reconnaissance de paternité aura été volontaire[1].

A la fin du même n° 227, page 46, ajoutez :

Dans la partie du grand-duché située sur la rive
droite du Rhin, l'exécution des jugements rendus par
les tribunaux étrangers ne sera ordonnée qu'en conséquence d'une commission rogatoire délivrée par le tribunal qui a rendu le jugement, et adressée à la cour
d'appel hessoise[2]. Il n'y a d'exception qu'à l'égard des
jugements rendus par les tribunaux du duché de Nassau, qui n'accordent l'exécution des jugements étrangers qu'autant qu'elle est requise par la partie qui a
obtenu gain de cause[3].

En règle générale, la partie qui a succombé à l'étranger n'est point reçue à faire valoir des exceptions concernant la forme ou le fond de la décision, devant le tribunal hessois du lieu de l'exécution. Ce tribunal renvoie
devant les juges qui ont prononcé, à l'effet de faire

---

[1] Rescrit ministériel du 15 juin 1826; circulaire de la cour d'appel du 28 du même mois.

[2] Rescrit ministériel du 27 mars 1827, adressé à la cour d'appel
de Giessen.

[3] Circulaire de la cour d'appel du 26 novembre 1827.

droit sur ces exceptions : il ne s'en occuperait d'office qu'autant que la commission rogatoire aurait pour objet de consacrer une injustice évidente résultant de son texte même [1].

Page 54, à la fin du n° 237, ajoutez (sans alinéa) :

Le Code de procédure révisé (*Erlaeuterte Process-ordnung*) d'Anhalt-Dessau porte (p. 239) : « Les tribu-
» naux du duché feront mettre à exécution les jugements
» rendus par les tribunaux étrangers, en conséquence
» de commissions rogatoires délivrées par ces derniers,
» toutefois en observant les formalités d'exécution pres•
» crites par notre législation : à moins qu'il ne s'élève
» des doutes, soit sur la compétence du tribunal qui a
» prononcé, soit sur d'autres circonstances de la cause.
» Dans ces cas, le tribunal requis fera son rapport à la
» régence (cour d'appel), en demandant les instructions
» de cette dernière. » — Il n'existe aucun document sur
la matière dans la législation d'Anhalt-Coethen [2].

Page 93, à la fin de la première ligne, ajoutez :

Chauveau (et, en note : Nouvelle édition des Lois de procédure civile de Carré, art. 546, quest. 1899, p. 503).

---

[1] Nous devons la communication de cette observation et des trois notices ci-dessus, à l'obligeance de M. Weiss, conseiller à la cour suprême d'appel et de cassation à Darmstadt.

[2] M. Siegfried, avocat à Dessau, a bien voulu nous communiquer les renseignements relatifs aux trois pays d'Anhalt.

FIN.

BIBLIOTHEQUE ROYALE

TABLE ALPHABÉTIQUE.

(Les chiffres renvoient aux pages.)